図書館のこれまでとこれから

経験的図書館史と図書館サービス論

大串夏身
Natsumi Ogushi

青弓社

図書館のこれまでとこれから

経験的図書館史と図書館サービス論

目次

第6章 新しい図書館のあり方

第2部 これからの図書館のサービスを考える

装丁——神田昇和

はじめに

図書館は、人類が生み出した創造物である本と知識・情報を収集、提供して、それを活用することで新たな知を生み出していく施設です。

現代では、大学図書館や専門図書館など各種の図書館があります。そのなかでも公共図書館は、地域住民のために、本と知識・情報を収集、提供して、地域住民の仕事や生活の質を向上させ、地域社会を創造的でよりよいものにしていくための施設です。もっとも、図書館がそれらを直接に実現するのではなく、あくまで利用者である地域住民が実現するものです。その意味で、図書館はそうした活動を促す、支援する、また創造的な地域社会の実現に寄与する目的で存在するといったほうが正確でしょう。

本書は、このような日本の公共図書館の戦後の歴史と、これからの図書館と提供するサービスの枠組みについて述べています。これらはここ何年かの間におこなった講演などをまとめたもので、歴史については、二〇一五年に長野市で平賀研也県立長野図書館長の求めである集まりで話したことに加え、一六年に塩尻市で開催された長野県図書館大会で、その内容をさらに推敲して話したものがもとになっています。

私が図書館と関わるのは一九七三年、東京都に専門職、司書として採用され、開館したばかりの都立中央図書館に勤めたときからです。したがって、本書では七三年以降の歴史に詳しく、また、その内容は私が関心をもった事柄と経験が中心になります。七三年から二十年間、東京都の司書として働き、その後、大学教員に転じて、二十数年間図書館情報学を講じました。現場にいた二十年間は資料の貸出サービスや逐次刊行物の閲覧サービスの担当係をしていた短い期間を除いて、レファレンスサービスなどの調べる仕事に従事しました。図書館情報学も、レファレンスサービスや情報サービス、情報検索をもっぱら担当しましたので、私の関心はおのずと「調べる」関係の事柄になりましたし、本書も「調べる」関係が中心になっています。図書館では貸出と資料提供が中心だと思っている方は、図書館はこんなこともやってきたのか、という感想をもつかもしれません。

人類の知的な創造物を収集して提供する図書館は、知的な創造活動に関わる施設であって、これからは「調べる」がその活動、事業・サービスの中心になるべきです。現在、国民一人当たりの貸出点数は年間五点程度で、私はこの二倍から三倍が望ましいと考えています。そのためには、より広い分野の、より多様な本を地域住民に紹介・提供して活用してもらうことが重要で、そこでも「調べる」は不可欠なサービスです。国立国会図書館に納本される本は年間約十七万冊から十八万冊あり、日本ではそれだけ出版されているわけですが、これらの本に収録されている知識や情報を住民が活用するためには、本棚に並べることができなかった多くの本が日本で出版されていることを周知し、また、特定のテーマについて問い合わせがあったときには、図書館に所蔵している以外の本も視野に入れて案内しなくてはなりません。さらに現代では、インターネットに潜んでいる知識・情報、また雑誌や新聞に収載されている知識・情報も視野に入れた検索と調査が求められます。

なお、ここでの歴史の記述はできるだけ客観的な立場を心がけ、議論となった事柄についても対立する意見の一方に偏らないようにしました。一方の立場を支持する人から何度も意見を表明するように求められたことがありましたが、応じたことはありません。これは、私の社会に対する昔から変わらない姿勢に由来しています。それを理解してもらうために本書の第2部のあとに「付：私の図書館との関わり」という一文を付しておきました。小さいときにひどいいじめにあったことは、小学校以来の周囲との関わり、社会に出てからの私の社会に対する距離の置き方を規定してきたと思っています。

第1部　図書館のこれまでとこれから

——個人的な経験から

第1章　戦後の図書館と図書館法

1　図書館法の公布と専門職としての司書・司書補

日本の図書館は、戦後、アメリカの占領軍が進駐した後、新しく発足します。アメリカから来た占領軍関係者のなかには、「日本には公共図書館はない」と言う人がいました。なぜかというと、日本では図書館を利用する際にお金をとることが基本でした（ごく一部に無料の図書館もあったのですが）。これが「無料の原則」から逸脱しているということで、公共図書館ではないといわれたのです。

一九五〇年（昭和二十五年）に制定された図書館法で「無料の原則」がうたわれ、日本に新たな公共図書館が発足しました。図書館法では、図書館には司書という専門職を置くことが定められました。この図書館法の制定にあたって、国会で司書はどんな仕事をする人たちなのかという質問があり、これに対して文部省は答えられませんでした。そこで図書館法ができた後に、赤坂離宮に占領軍の担当者と文部省の役人、若手の研究者が集まって検討会を開き、司書の職務内容が定められました。その内容は、四八年にアメリカ図書館協会が作った職務区分表を参考にして決められたということです。

これが一九五〇年に出た「司書、司書補の職務内容について」という通達です。それ以降の日本の司書、司書補の職務内容を明示したものになりました。日本に司書という新しい専門職が誕生し、以後、公共図書館で司書、司書補（以下、司書とする）が採用されることになります。専門職としての司書が、協力して公共図書館の基本的な骨格を作り、司書職制度と司書への支持を国民的な規模で得られるように努力することが求められたわけですが、これはなかなか実現しませんでした。地方自治体が新しい図書館を作ったときに司書を採用しますが、その後、司書がやめても後任の司書の採用がおこなわれない、ということが各地で起こりました。現在に至るまでこの問題は尾を引き、専門職としての司書職制度が戦後の日本で定着したとはいえない状況です。司書として採用された私としては深く反省するところなのですが、今後は初心に帰って、司書の制度的な確立と国民的な認知、支持が広がるように努力することが必要でしょう。

私は一九七三年に東京都に司書として採用されたとき、先に紹介した五〇年の通達「司書、司書補の職務内容について」を参考にして作られた表を示され「君たちはこういう仕事をするんだ」と説明を受けました。私が勤め始めた七〇年前後というのは、日本の公共図書館の新たな展開が始まった時期でした。都立中央図書館もそうした流れのなかで作られた図書館です。レファレンスサービスと東京都内の市町村図書館へのバックアップサービスなどがサービスの柱になりました。レファレンスサービスの充実のために司書を大量に採用したと思われます。四月に採用された職員が幹部職員の話を聞く機会がありましたが、そこで印象に残ったのは、参考課は主題専門室を設置し高度なレファレンスを目指しているので、それぞれが主題・テーマをもった司書になるために努力してほしい、図書館としてもそれをできるだけバックアップしていく、というものでした。事実、東京都は司書の養成プログラムをもっていて、さまざまな専門研修などがおこなわれました。私も、市町村の図書館の実態を知るために、大田区の図書館に二週間、研修として派遣されました。当時、大田区には司書職制度があり、レベルが高いサービスを提供していました。しかし、その後、東京都の財政が逼迫したこともあって、主題専門性をもった司書が組織的に養成されなかったのは残念でした。それでも高い主題専門性をもった司書は何人も輩出されますが、これは制度としての成果ではなく、もっぱら個人的な努力によってという側面が強かったと思います。

2　東京オリンピック・パラリンピックと障害者サービス

一九六四年に東京オリンピック・パラリンピックが開催されました。私は東京都の職員として『東京都政五十年史』（東京都、一九九四年）の編纂に携わりましたが、その際に東京パラリンピック当時のことを知っている福祉関係の職員に聞き取り調査をおこないました。話のなかで強く印象に残ったのが、福祉関係の職員が外国から来た障害があるアスリートの姿に衝撃を受けて、それ以来、意識が変わったということでした。この祭典は日本全体に大きな影響を与えたはずで、図書館界にもその余波はあったと思います。

このことに関連して、少し自分のことについて書いてみます。私の父方の祖母は佐賀県伊万里町出身（現在は市となっている）でした。母の実家は隣の西有田町だったので、母の実家に帰ると必ず伊万里の祖母の実家にも遊びに行きました。祖母の実家には目が見えない大叔父がいて、私が行くといつも本や雑誌、新聞を読んでほしいと頼まれました。一九六八年か六九年のことだったと思いますが、その大叔父に、最近ＮＨＫのラジオニュースで、国立国会図書館が目の見えない人のために「対面朗読」というサービスを始めたと聞いたが、これは伊万里の図書館でもやっているのか調べてくれと頼まれたことがあります。大叔母に伊万里の図書館の場所を聞いて、さあ出かけようというそのとき、大叔母は伊万里の図書館は曾祖父が作った図書館だと私に教えてくれました。曾祖父の大串誠三郎は一九二九年九月から三四年五月まで伊万里町長を務め、二七年にできた図書館の経営を引き継ぎ、文部省から優良図書館として表彰を受けています。大串誠三郎は伊万里市の中央公民館に歴代町長の一人として写真が飾られています。当時、伊万里の図書館は公民館の二階にあって、大叔父が知りたがっていた対面朗読のサービスには残念ながら取り組んでいませんでした。東京に戻ってから都内の図書館のいくつかに聞いてみましたが、対面朗読のサービスはおこなっていませんでした。そこで、国立国会図書館に電話をして担当者の話を聞いたところ、対面朗読は先導プロジェクトとして取り組んでいて、これを都道府県立図書館、さらに市町村に広げて、役割を終えたら国会図書館としてはやめる、ということでした。このような国立国会図書館の取り組みに感心した覚えがあります。

東京都は、一九六九年十一月、都立日比谷図書館で対面朗読サービスを開始しています。七三年に私は都立中央図書館に勤めることになるのですが、都立中央図書館では盲導犬が仕事をしていました。以後、日本の図書館にも障害者に対するサービスは広がったものと思われます。

一九八〇年、私は東京都から財団法人特別区協議会調査部に司書として出向します。この手続きは繁雑でした。東京都教育委員会から退職辞令をもらい、東京都総務局からの辞令で総務課から区政課に異動。そこで特別区一部事務組合へ出向するよう命じられ、組合で着任辞令を受け取ると、すぐに特別区協議会への派遣辞令をもらって、協議会総務課で辞令を受け取り調査部資料室へ異動。……東京都総務局総務部総務課から調査部資料室へは一日で移りました。行く先々で受け取った辞令には「司書を命じる」という記載がありました。出向場所は、九段坂を下った俎橋のそばの東京区政会館でした。東京都二十三特別区では司書職の採用制度がなかったので、その関連組織である財団法人になぜ司書が必要なのかという意見もあり、労働組合は反対していたそうです。それでも司書を東京都から派遣して採用したのは、資料室星野利成室長の希望でもありました。星野室長は専門職を高く評価し、採用が必要であることを誰よりも強く主張していました。資料室の臨時職員の採用条件は司書資格者で、また報酬を一般の臨時職員よりも高く設定していました。私は東京都総務局からこの資料室までトンネルを抜けてきたわけですが、それは司書が通るトンネルで、この事例から通過するすべての組織が司書を採用したという実績につながったのです。大変なエネルギーを費やして司書を採用したのでした。ところが、そこに現れたのが、いままで述べてきたような「デモシカ」司書だった私自身であり、頼りなかった。それでも一人専門職ですから、図書館に関する疑問や質問はすべて私のところにくる。六月頃、調査部で都区財政調整の需要額を計算している課の佐藤茂美係長が来て、私にこう聞きました。「障害者が車椅子で本棚を見て回って、本を手にしたときに、手元の明るさは何ルクス必要で、本棚の間は何センチなくてはならないのか?」。当然、私は不勉強で知りません。「わからない」と答えると、「困るなあ、君は司書だろう、そのくらい知っていなくてどうするんだ」と言われました。このときから、「司書」になっていきました。我ながら一生懸命勉強したと思います。わからないことは積極的に教えてもらいました。

このとき、障害者サービスが東京二十三区の図書館にも広がりを見せ、都区財政調整の図書館の需要額にも障害者サービスを組み込もうと担当者が努力していたのです。こうした背景もあり、佐藤係長は私に聞いてきたのでした。その動きを当時の私は知らずにいました。これは、私がかつて尋ねた問いに国立国会図書館の担当者が電話で答えてくれたように、国立国会図書館の先導的な試みが都道府県立図書館から市町村に広がっていたことを示すものでした。

この国立国会図書館の取り組みの例として、国立国会図書館司書監で、視覚障害者図書館協力室室長を務めた北川和彦が、対面朗読などのサービスのために固有名詞の読みの調査方法などをまとめた「ボランティア活動のために」シリーズと「ボランティア活動のために」モノグラムシリーズがあります（それらをまとめて加筆・修正したと思われるものが『音訳・点訳のための読み調査ガイド――視覚障害者サービスの向上にむけて』として日外アソシエーツから二〇一二年に出版されています。

大変な労作です)。

第2章　図書館振興の新たな展開
――一九七〇年前後

1　『市民の図書館』の刊行

一九七〇年に日本図書館協会が刊行した『市民の図書館』では、図書館の基本的な機能とは資料を求めるあらゆる人々に資料を提供すること、とうたっています。具体的には、貸出サービスと児童サービスを重視し、全域サービスを実現するということで、これは新しい図書館を作るときの手引書になりました。

文部省（文部科学省）の「社会教育調査報告書」を見ると、貸出冊数が調査対象になるのは一九七五年度です。図書館数は千六十六館で、貸出実施館数は千四十六館、貸出冊数は七千五百三十四万九千五十九冊でした。うち児童への貸出は三千二百七十三万三千百八十六冊でした。最新の二〇一五年度では、それぞれ三千三百三十一館、三千二百九十一館、六億六千二百十五万七千二百六十二冊、うち児童用図書の貸出冊数（これは児童への貸出冊数から変更になっています）は一億八千七百七十三万四千四百十九冊です。四十年間で、図書館数は約三・一倍、貸出冊数は約八・八倍、うち「児童」は五・七倍（「児童」は、児童に対する貸出冊数から児童用図書の貸出冊数へと変わっていますので単純に比較はできませんが）に増えています。四十年間で大いに発展したといえるでしょう。表1を参照してください。

図書館と社会教育関係者との貸出記録をめぐる論争

当時、新しい図書館のあり方をめぐって図書館員と社会教育関係者（主に社会教育主事）との間に論争が起こりました。その一つが貸出記録をめぐるもので、図書館側は、読書記録は、個人の思想・信条、人権・プライバシーに関わるものなので、返却されたらすぐに消去すべきだと主張したのに対し、社会教育関係者側は、教育の指導のためには貸出記録は残して当たり前、というものでした。

一九八九年に国連で「子どもの権利条約」が採択されたことによって、図書館側の意見が正しいとされましたが、日本の条約批准は大幅に遅れ、九四年におこなわれました。ちなみに、国際人権規約A・B規約の国連採択は六六年でしたが、日本は七九年になってやっと批准し、七九年に国連採択された女子差別撤廃条約の日本での批准は八五年でした。女子差別撤廃条約批准のとき、私は特別区協議会調査部にいて、批准が遅れた事情の一端を知ることができました。日本の教育は差別的だという国連の指摘を受けて、学習指導要領の改定をおこない、さらに法律用語など行政が使っている女性に関する「差別的と思われる用語」の修正も、女性だけでなく障害者などにも広げておこないました。これを受けて、地方自治体は条例などの用語も点検し、修正しました。このような流れのなかで、前述した「子どもの権利条約」の批准もおこなわれます。これにともない、子どもには基本的人権があり尊重されるべきだという条約の趣旨を受けて、多くの都道府県教育委員会が、学校図書館での児童・生徒の貸出記録を返却後に消去するようにという趣旨の通知を出しました。これは、直接指導できる都道府県立高等学校に対して出されたものでしたが、市町村の教育委員会に送られたところもあったようです。市町村教育委員会ではその通知を受けて、傘下の学校などに伝達したところもあったようですが、しなかったところもあったようです。

貸出ではなく、レファレンスサービスを重視すべきである

東京都立図書館は参考調査の図書館、つまりレファレンスサービスを中心としたサービスをおこなうことが目的だった関係で、作る過程で都立図書館の職員の間では、貸出重視派とレファレンスサービス重視派との意見の違いがあったようです。また、国立国会図書館との交流も盛んにおこなわれていましたが、私が教えを受けた国会図書館の職員はみなレファレンス重視派で、『市民の図書館』には批判的でした。

図書館数。ただし昭和59年度以降は下段に「参考業務」の実施館数を記載	「参考業務」の受け付け件数
--	--
--	--
--	--
--	--
1,046	746,710
1,166	774,885
1,398	1,355,464
1,594 990	1,148,929
1,748 1,157	1,450,430
1,911 1,346	1,925,545
2,112 1,541	2,647,698
2,329 1,643	3,809,606
--	--
--	--
2,104	6,498,108
2,386	7,098,067
2,539	7,594,911
2,686	8,646,715

注；「--」は、報告書に該当する統計表および記載がないことを示す。図書館数は、おおむね表示年度の前年の10月1日現在、「貸出業務」と「参考業務」に関わるのは、表示年度の前年度間の数値。

「貸出業務」と「参考業務」では、昭和59年度（1984年度）以降は、図書館数と実施館数、両方の表示となっている（ただし参考業務は平成17年度〔2005年度〕以降は、受け付け館数だけ）。図書館数は、前年度間の開館図書館数などを対象としていないため、Aの図書館数の数値よりも少ない数値になっている。

貸出冊数は、昭和50年度（1975年度）から平成8年度（1996年度）までは図書館、自動車文庫、貸出文庫の貸出冊数の合計。「参考業務」の実施館数は、「参考業務」の受け付け館数で、昭和50年度（1975年度）から平成8年度（1996年度）までは、口頭、電話、文書の受け付け件数の合計。

また、「うち児童への貸出冊数」は、平成20年度（2008年度）調査までは、「児童の貸出冊数」として集計していたが、平成23年度（2011年度）調査からは「児童用図書の貸出冊数」として集計しているので、単純比較はできない。理由は、平成27年度（2015年度）調査結果の概要によれば、「図書館のシステム化の影響により、児童が借りた貸出冊数が把握できない図書館があることから」とのこと。

なお、「　」でくくったのは、かつてそのように表現していたが、現在では一般的に「貸出業務」は貸出サービス、「参考業務」は質問・回答サービスあるいは相談・回答サービスと、「サービス」という表現を用いていることによる。

さらに、昭和35年度（1960年度）は、取り壊し中の1館をのぞいた数値である。

（出典：文部科学省「社会教育調査」〔http://www.mext.go.jp/b_menu/toukei/chousa02/shakai/〕［2017年7月30日閲覧］の各年度統計表から作成）

表１　「社会教育調査報告書」にみる図書館数、貸出冊数、参考業務受け付け件数の推移

報告書表示年度。ただし西暦を付記した。	図書館数（A）	図書館数。ただし昭和59年度以降は下段に「貸出業務」の実施館数を記載	貸出冊数	うち児童への貸出冊数および（　）内は貸出冊数に占める割合％
昭和35年度 (1960年度)	741	--	--	--
昭和38年度 (1963年度)	810	--	--	--
昭和43年度 (1968年度)	825	--	--	--
昭和46年度 (1971年度)	917	--	--	--
昭和50年度 (1975年度)	1,066	1,046	75,349,059	32,733,186 (43.4%)
昭和53年度 (1978年度)	1,200	1,166	111,139,623	48,164,427 (43.3%)
昭和56年度 (1981年度)	1,437	1,398	155,761,353	73,758,998 (47.4%)
昭和59年度 (1984年度)	1,642	1,594 1,563	201,965,997	101,348,040 (50.2%)
昭和62年度 (1987年度)	1,801	1,748 1,702	240,508,985	96,893,662 (40.3%)
平成2年度 (1990年度)	1,950	1,911 1,887	266,020,751	97,638,563 (36.7%)
平成5年度 (1993年度)	2,172	2,112 2,081	323,606,639	108,551,517 (33.5%)
平成8年度 (1996年度)	2,396	2,329 2,308	404,160,602	118,971,016 (29.4%)
平成11年度 (1999年度)	2,592	2,535 2,515	479,970,235	120,793,127 (25.2%)
平成14年度 (2002年度)	2,742	2,704 2,683	520,822,278	124,835,750 (24.0%)
平成17年度 (2005年度)	2,979	2,915 2,894	580,726,256	135,240,003 (23.3%)
平成20年度 (2008年度)	3,165	3,145 3,120	631,872,611	134,197,680 (21.2%)
平成23年度 (2011年度)	3,274	3,246 3,219	682,343,518	179,558,765 (26.3%)
平成27年度 (2015年度)	3,331	3,313 3,291	662,157,262	187,734,419 (28.4%)

2　東京都の図書館政策

「図書館政策の課題と対策」の発表

一九七〇年、東京都は「図書館政策の課題と対策――東京都の公共図書館の振興施策」(図書館振興プロジェクトチーム、一九七〇年)を発表しました。これは区市町村の図書館の振興を図り、東京都の図書館サービスはバックアップ(第二線的な機能)に重点を置くというものでした。東京都の政策であるシビルミニマム、中期計画にも組み込まれ、その実現が図られることになりました。これは図書館界にとって画期的な出来事でした。

ところで、一九七〇年の東京都の図書館政策は、その後、東京都立図書館の都道府県立図書館としての第二線的機能が注目され続け、区市町村立図書館の振興の部分が見落とされるようになったのは残念なことです。ここで少しそのことについてふれておきます。

区市町村の図書館振興

東京都の区市町村の図書館振興策は、東京二十三特別区と市町村とに分かれます。

東京二十三特別区はその成立の経緯から、東京都の内部団体(法的には特別地方公共団体)と位置づけられ、東京都と独自の財政調整制度(都区財政調整制度)をもっていました。東京都は富裕な自治体で、国の地方財政調整制度からは独立していました。

都区財政調整制度では、行政サービスの水準を実現・維持するための基準を作っています。そのなかで図書館は、人口三十五万人を標準区として五万人に一館を設置し、サービスのために職員は十三人を配置し、施設規模は千二百平方メートルなど、という水準で整備することが定められました。当時、職員には、建物維持のための職員や建築・電気設備などを担当する職員も含まれていました。

他方、市町村は、独自の補助金制度で対応しました。この補助金制度によって市町村、特に多摩地域の市町村の図書館は新しい図書館が建設されるなど充実しました。しかし、一九七二年のドルショック、七三年のオイルショックによって経済が低成長に移行し、税収が減少したことで東京都の財政事情が悪化し、市町村に対する補助金制度は打ち切られました。

なお、東京二十三特別区は前記の水準で整備を図ったのですが、残念なのは、専門職の司書の配置が二十三区全体としておこなわれなかったことです。二十三区は東京都の内部団体という法的な位置づけでしたが、自治権拡充の流れのなかで、一九七八年に二十三区全体で特別区人事委員会を設置し、そこで専門職種の検討をおこなっています。当時の資料を見ると、東京都と二十三区が協議し、社会教育関係では社会教育主事が、保育分野では保育士などが専門職として二十三区に採用されるようになっています。司書が同じように専門職として採用され、司書職制度が作られる可能性は大いにあったと思われますが、実現しませんでした。

一九七八年以前は、大田区のように専門職種を独自に採用することがおこなわれていました。しかし、これはあくまでその区独自の判断に基づくもので、二十三区全体のものではありませんでした。六〇年代から七〇年代にかけて行政事務も拡大し、専門職が必要になり、二十三区は東京都に要求して専門職を増やしてきました。これに自治権拡充の動きが重なって、二十三区はさらに独自の職員採用の要求を強めます。その結果、七八年に特別区人事委員会が発足します。これ以降、二十三区での専門職の採用は、二十三区が統一的に専門職種を設定して採用試験をおこなうことになりました。

二十三区の図書館に資金はそれなりに投入されていますが、それに見合った効果が生まれているかというと疑問が残ります。例えば、二〇〇〇年頃、A区の図書館振興策の策定に関わったことがありますが、その席上、中央図書館の館長に「A区の図書館ではレファレンスサービスをやっていますか?」と聞いたところ、「やっています」という答えでした。さらに、「中央図書館では年間何件の質問に応えていますか?」と聞いたところ、大変低い数値だったので、「年間ですか?」と念を押すと「そうです」ということでした。私は耳を疑いました。二十三区の図書館も全体としてレファレンスサービスは低調です。大変残念なことです。

かつて、ある区の住民意識調査では、「図書館に聞きたいことがありますか?」という質問に一〇パーセントの人が「ある」と答えています。三十五万人の区民がいるとすると、三万五千人はそう思っているはずですが、実際に当時の区立の図書館に寄せられている質問数はそれほど多くはありません。

とはいえ、二十三区のなかには、大田区のように独自に司書を採用配置してサービスの向上に努めたところもあります。私が図書館に勤め始めた頃、大田区は質的に高い水準のサービスを提供していました。つまり、専門職は、二十三区全体として統一して採用する場合（採用実務は東京都がおこなっていた）と、各区が独自に採用する場合があったのです。ただし、一九七八年に特別区人事委員会が二十三区統一の組織として作られて以降は、区の独自採用は原則として減らす方向になっていて、司書については独自採用している区はなくなりました。一般行政職として採用した職員のなかから、司書の資格をもっている人を図書館に配置することで司書を確保しています（著作権法第三十一条に基づくサービスは、司書が該当の図書館に配置されていることを条件としていますので、司書資格者は必ず配置しなければならないのです）。

一九八〇年から八五年、私は特別区協議会調査部で仕事をしていました。人事委員会事務局は同じビルの上の階にあったので、職員に話を聞く機会がありました。当時、特別区人事委員会は、二十三区全体の専門職の調査をおこない、見直しをする作業を進めていました。区によっては多くの専門職種を独自に採用していたところがありました、そうした現状を把握し、二十三区全体として専門職のあり方を検討していたようです。この当時、各区の図書館で司書の資格をもって勤務している人については台帳を作って把握していたのですが、理由はわかりませんが、その後、台帳作成をやめたようです。

いずれにしても、二十三区の図書館に司書が専門職として採用配置されなかったことはきわめて残念なことです。

参考文献：司書については一九六七年から六九年頃にかけて、二十三区の図書館に専門職として置こうという動きがありました。これは薬袋秀樹が『図書館運動は何を残したか――図書館員の専門性』（勁草書房、二〇〇一年）で詳細にその経過を書いています。

都立図書館の「第二線的な機能」の影響

一九七〇年の東京都の「図書館政策の課題と対策」では、東京都の図書館の役割・機能を都民に対する直接サービスの提供と都道府県立図書館として市町村立図書館に対する支援や高度なサービスを提供するという第二線的な機能の二つに定め、後者を重視し、直接サービスは区市町村立図書館を充実させることで実現する、つまり都民は、まず市区町村の住民として身近な区市町村立図書館を利用することで図書館の直接サービスを受ける、一方、高度なサービスは都立図書館が対応する、としました。

その後の都道府県立図書館の動きをみると、東京都の図書館政策は大きな影響を与えたという感じがします。県によっては、第二線的な機能を重視したためか、県庁のすぐ近くや県庁所在都市の中心市街地にあったものを郊外へ移したところもありました。来館者に対する貸出やレファレンスなどの直接サービスを維持する図書館も少なくありませんでしたが、児童サービスなどを縮小する例もありました。日本の都道府県立図書館のなかに児童サービスを廃止する、あるいは縮小する方向に向かったところが生まれたことは世界的な読書振興の流れから見ると、残念なことだったといえます。

郊外に引っ越した図書館は、当然のことながら利用者が減少し、連動してバックアップの対象となる市町村立図書館の利用も少なくなる。そうなると行政当局としては、利用者が少ないのであれば資金をそんなに配分することはないと判断して、人や資料費を減らそうとします。県立図書館のなかには、資料費が削られている図書館がありました。しかし、資料費が少なければ、そろえることができる本の数も少なくなる。市町村立図書館からの期待もしぼんでいく、こうした悪循環に陥ります。

もちろん、全国的に高い評価を得ている県立図書館もあります。行列ができる県立図書館として全国的に有名になった岡山県立図書館がその一例です。これは二〇〇四年に作られた図書館ですが、年間の来館者が百二十万人を数え、貸出も非常に多く、市町村立図書館からの利用も多い。地域経済にも直接的な波及効果があるということで、テレビ、新聞、雑誌などのメディアにも頻繁に取り上げられています。私も数年前にこの図書館に行きましたが、その前年の一年間で図書館としてメディアに取り上げられた回数は百九十六回にものぼったそうです。隣の鳥取県にある鳥取県立図書館も、新しいサービスに積極的に取り組み、メディアから注目されています。一例ですが、地元のNHK鳥取は特集番組を組んで、その活動を紹介しています。すると県民の市町村立図書館への関心も自然と高まることになります。このようないい循環が生まれているのです。

東京都立中央図書館の開館と司書の大量採用

一九七三年に東京都立中央図書館が開館したとき、東京都は多数の司書を採用しました。数年にわたって毎年三十人近い司書を採用したと思います。都が司書の大量採用をおこなった背景には、図書館協議会などの答申をふまえ、司書の職務内容を明らかにして、司書が図書館業務に必要だと判断されたということがありました。以後、都立図書館では現在まで司書の採用が続き、司書職制度が維持されてきました。これは現場で働く司書の努力の成果でもあり、それが都立図書館のサービスに対する高い評価につながりました。こうしたことが司書職制度を後押しする力になったと思います。

ＮＨＫから図書館について何度か取材を受けたことがあります。取材記者は一様に、都立図書館のレファレンスサービスのよさを感じていたようです。また、これは私が都立中央図書館に勤務していたときに聞いた話ですが、多摩地域にある大学の教員の間では、図書館に何かを尋ねるのなら、自分の大学の図書館ではなく、まず都立図書館に聞こうということになっているとのことでした。都立図書館のレファレンスの回答は早くて正確だと、大学の先生たちにも評価されているようです。新聞記者や雑誌記者も同じ意見で、しかも、都立図書館のレファレンスの経験を書いた『ある図書館相談係の日記――都立中央図書館相談係の記録』（大串夏身、〔日外教養選〕、日外アソシエーツ、一九九四年）を読んだ記者は、「図書館って忙しいんですねえ、こんなに忙しくしているとは思いませんでした」と口をそろえて言っていました。実際、私がいた都立図書館の相談係では職員十人で年間約十万件の質問を受け付けていました。もっとも、当時の統計でニューヨーク市立図書館の相談係は十人で三十万件の質問を受けていたそうで、それから見れば少ないほうです。それでも、私たちは一日に二万歩は歩いていたと思います。

都立図書館が提供するサービスは、レファレンスサービスをはじめ、ハンディキャップサービス、特別文庫のサービスなど、都民から高く評価されてきたと思います。

3　政令指定都市協議会の整備基準

日本の図書館サービスについてのもう一つの問題が政令指定都市の図書館です。政令指定都市には政令指定都市協議会があり、毎年集まって課題を検討しています。この協議会が作った行政サービス整備の基準のなかに図書館整備の基準がありますが、それによると、一行政区に一館とされています。この基準が作られたときは、まだ一行政区の規模も小さく、人口も少なかった。ところが、その後、政令指定都市の人口は増加して、一行政区当たり三十万人以上を抱える都市も現れてきました。そのように多くの人が住む行政区に、図書館を一館だけしか設置しないというのは、住民の身近な施設であるべきという図書館の性質上無理な話で、十分サービスが住民の間に行き渡らないのは当然で、人口が多い行政区には複数の図書館を設置して、サービスが行き渡らない地域には移動図書館を運行するなど、基準の見直しが必要だと思います。

第三次全国総合開発計画と定住圏構想

一九七七年に策定された第三次全国総合開発計画の目玉は定住圏構想でした。これはモータリゼーションが浸透して日常生活圏が拡大したことを背景に、新しい状況のなかで生活圏＝定住圏を設定して、そこに必要な施設を計画的に整備しようというもので、住民に身近な施設である図書館の整備も積極的に取り上げられることになりました。各地で図書館を含む公共施設に関する調査が実施され、図書館については隣接する市町村がネットワークを組んでサービスをおこなうなどの提案がなされました。これについては『図書館政策の現状と課題——国・自治体の行政計画を中心とした』（大串夏身、青弓社、一九八五年）のなかで紹介しています。なお、一部の定住圏では図書館サービスの水準設定がおこなわれ、その実現を目指すことになっていましたが、現在から見ると低い水準でした。

第3章　一九七〇年代からの図書館活動

首都圏では、一九七〇年代から浦安市など十万人前後の自治体で図書館の充実が図られました。人口十万人前後であれば、住民と市役所の意思疎通が図りやすいということが背景にあったようです。その一方で、人口三十万人以上の首都圏の都市での図書館整備は低調でした。

東京二十三特別区は、都区財政調整に基づき着実に図書館建設を進め、一九九〇年代にはほぼ整備を終えて、さらに建て替えの時期に入った区の図書館運営・ネットワークの中核を担う中央図書館の規模を拡大する動きが活発になります。その大半が五千平方メートル以上、大きな中央館では一万平方メートル近くのものが出現しています。

全国的に見ても、一九九〇年代は各地で大規模な図書館が建設され始めた時期です。

1　社会教育不要論──図書館司書もいらない

松下圭一は、『市民文化は可能か』（「現代都市政策叢書」、岩波書店、一九八五年）などの著作で社会教育不要論を提起しました。市民の力量が高まり、市民文化が形成されてその内容がより充実すると、行政主導の文化、とりわけ社会教育は必要がなくなる、というものです。行政文化は乗り越えられる、専門職も乗り越えられ、社会教育の専門職は不要になるという主張でした。私は何度か松下と話したことがあります。ある集まりで、司書の役割について話していたところ、その半ばで司書は必要なくなると遮られたこともあります。

これは重要な提案といえます。というのも、社会が発展すると、市民の力量が高まるのは当たり前のことで、司書などの専門職は常にその職務内容が問われる存在だからです。継続的に市民・住民との関係が問われているといわなければなりません。司書の専門性は、社会の発展、住民の力量の高まりとのダイナミックな関係のなかで、自らがその職務内容の質を高める努力をしていくことに存在意義があります。こうしたダイナミズムが失われたとき、専門職は社会的な役割を失うでしょう。

現在に至るまで社会や技術の発展を受けて教育内容も大きく変わってきています。特にコンピューターと通信技術に関連する分野では、変化が顕著に現れています。これは司書の専門性にも大いに関係しています。例えば、高校の情報科の最新の教科書では、デジタル絵本を作って、それをネットにアップロードしてお互いに批評し合うという課題があり、作業の時間配分まで示しています。また、ネット上でアンケートをとる、そのプログラムを修正して、新しい質問項目を加えるという課題もあります。パワーポイントを使ってプレゼンテーションをおこなうといったことは、高校教育では学んで当たり前のものになっています。しかも、動画なども使用してプレゼンするという内容です。

こうした社会状況の変化にともない、当然、司書の専門性も大幅にレベルアップしていかなければならないでしょう。

図書館司書は専門職集団として、自らの専門性の向上に日常的に取り組む必要があります。また、社会の変化にも敏感になるべきでしょう。例えば、沖縄サミットで提案された各国の国民の再教育への取り組みという課題について日本の図書館の対応を見ると、残念ながら不十分といわざるをえません。これは図書館司書の養成に長く関わってきた私自身の反省事項の一つにもなっています。

松下圭一の批判は、図書館だけに向けられたものではなく、行政文化に対する批判の一部としての図書館、図書館司書へのそれでした。一九七〇年代から始まった『市民の図書館』に基づいて作られた新しい図書館活動への批判が、八〇年代に図書館界の内外からあがってきます。外からの批判としては、全国市長会からのものがありました。

全国市長会など地方六団体は、毎年中央政府に要望を出しています。私が特別区協議会に出向していた一九八〇年から八五年の間、文部省は図書館建設補助金受給にともなう条件の一つとして司書の配置を求めていたのですが、全国市長会はこの内容を外すように求めていました。私は調査や資料収集の関係で永田町に行く機会があり、全国市長会事務局を訪ねることもありましたので、事務局に要望の理由を聞いたところ、貸出ばかりの図書館には専門職はいらない、という答えが返ってきました。

これは、毎年提出している要望書のなかでも示されているものでした。全国組織である全国市長会がこうした要望を出したことは、『市民の図書館』に基づく新しい図書館のあり方に対する批判が、すでに全国的にあったことを示していたと思います。

一九八〇年代に入って図書館界で登場した批判は、七〇年代に作られた図書館の活動についての統計が明らかになり始めたときのことで、つまりはそこで明らかになったことに対する批判でした。具体的には、利用者のなかで女性と子どもが占める割合が多くなったことに対して、「女、子ども図書館になってしまった」というものでした。これは差別的な批判だと私は思いました。それほど日本の女性の地位は低かったし、子どもの権利を認めることにも積極的とはいいがたい風潮がありました。子どもは大人に従属する存在と考える人が少なくない時代だったのです。

『市民の図書館』は児童サービスを重視していたので、これは『市民の図書館』に対する批判の一環でもありました。私は、児童サービスが充実したことは『市民の図書館』の功績だったと思います。むしろ問題は、中高生から成人へと向かう人間の成長に合わせて図書館サービスをさらに発展させていくことが必要だったのではないか、ということです。この視点は、その後の図書館活動には欠けていたと思います。中高生へのサービスとしては学校図書館があるのだから、それは学校の役割だという趣旨の発言が文部科学省の会議の席上で図書館の専門委員から出されるなど、全体として中高生への取り組みは低調でした。私が新しい図書館建設のアドバイザーを務めた会議でも、図書館の現場の職員から、新しい図書館でも中高生へのサービスはおこなわない、というような発言があがったものです。しかし、幸い建築家の努力もあって、この図書館では中高生向けの独立した空間が作られました。

なお、日本の図書館界では、いまだに児童サービスに重点を置きすぎているという批判があります。この意見にも賛成できません。私は、児童サービスは質的な面も含めてもっと充実させるべきだと考えています。どんなに小さな図書館でも、児童サービスのための独立した空間、児童室が必要でしょう。さらに規模が大きい図書館では、ヤングアダルト、青少年の部屋も独立させる必要があります。これは、私が図書館の建設構想に関わった東京・世田谷区の小さな地区図書館でも強く主張し、実現されました。開館以来、この図書館は好評を博しています。日本の児童サービスにおける図書館の地域での役割、つまり児童の育成のために地域に良質な環境を作る役割の一環を担うのが公共図書館であり、その観点からも図書館サービスをさらに充実させなければなりません。

2　地方政府は図書館政策をもつべきである

私は『図書館政策の現状と課題』のなかで、地方自治体は地方政府として図書館政策をもつべきであると提起しました。当時の行政学のなかに地方自治体論が登場していたのですが、地方政府である地方自治体は中央政府と対等の関係、つまり政府間関係にある、という考えをベースにして同書を書いています。地方政府はそれぞれ独自に図書館政策をもつべきであり、その地方政策に基づいて国＝中央政府の図書館政策も作られるべきで、まず、地方政府の図書館政策について検討してみようという内容のものでした。しかし、この問題提起は図書館界では不評で、その考え方は誤っていると批判を受け、図書館学の権威ある先生方からは、地方自治体（地方政府）が担当するのは図書館振興計画であって、図書館政策は国（中央政府）がやることだ、とお叱りを受けました。なんという古い考えだろう、図書館界は革新的に見えて実は古い体質なんだ、というのが私の感想でした。これ以降、私はそうした考えの人々とは距離を置くことになります。二十一世紀に入っても、この中央政府の政策独占論は、図書館界でまかり通っています。その話を耳にするたびに、地方自治、住民自治の図書館はどこにいったんだと思ったものです。

当時、東京大学で気鋭の学者であった大森彌らが地方自治体＝地方政府論を展開していました。特別区協議会では、大森を呼んで若手を中心に勉強会を開いてもいました。そこに参加していた私は、大森の考えに感銘を受け、地方自治に関する考え方もそこで学びました（大森彌／佐藤誠三郎『日本の地方政府』東京大学出版会、一九八六年）。

こうした地方自治についての研究成果に基づいて書いたのが、『これからの図書館・増補版――21世紀・知恵創造の基盤組織』（青弓社、二〇一一年）の「第7章　地方自治と図書館」（一八四―二二〇ページ）です。さらに、『図書館政策の現状と課題』に続いて、『図書館経営・サービスをめぐる諸問題――３７９市区町村の事例を中心に』（青弓社、一九八七年）、『図書館サービスの利用と評価――自治体の２２３の住民意識調査を中心に』（青弓社、一九八九年）もまとめました。後者の二冊は、『図書館政策の現状と課題』の「課題」について検討したもので、さらに数多くおこなわれていた読書意識調査についても分析する予定でしたが、これは果たせませんでした（その後、子どもの読書推進が叫ばれるようになり、より多くの意識調査がおこなわれているようですが、残念ながらそれらを図書館との関係で調査分析したものはないようです）。

3　地方自治体＝地方政府の政策事例集

地方政府がそれぞれに政策を立案して実施すべきだという考えから、全国の地方政府＝地方自治体が取り組んでいる政策をリストアップして、その状況を明らかにすることで、今後の政策立案に役立てることを目的として刊行されたのが『全国地方自治体政策案内――付・住民運動活動事例』上・下（全国地方自治研究会編、三一書房、一九八五年）です。これは地方自治関係の雑誌や書籍などで取り上げられている政策を抽出して、その概要を紹介したものです。さらに、地方自治は住民自治を基盤とするという視点から、地域での住民の活動事例も合わせてとりまとめています。この本は、当時かなりの引き合いがあったようです。東京自治センター気付の全国地方自治研究会編集となっていますが、すべての作業は私が学生アルバイトなどの協力を得ておこない、上下二冊本で出版しました。東京自治研究センターは自治労（全日本自治団体労働組合）系の研究機関であり、私も研究活動の手伝いをしていましたので、連絡先を引き受けてもらいました。東京自治センターからは、戦前の八王子を中心に活動した三浦八郎の聞き書きをまとめ、『多摩民衆運動に生きて――証言・三浦八郎』（三浦八郎述、東京自治研究センター編、三一書房、一九八四年）として出版しています。

全国の自治体が取り組んだ政策を分野別に見ると、二十二分野七百六十七事例（四九ページ、表2を参照）ありました。すべて地方自治関係の印刷物からの抽出で、それらは図書館で所蔵しているものばかりです。図書館の本や雑誌がさまざまなものに関係していて、政策の探求のためにも図書館のレファレンスサービスが役立つことを図書館員に気づいてもらいたかった、ということもあります。

なお、住民の活動は二百八十五事例で、その内訳はまちづくり関係が九十二、自然保護・反公害についてのものが五十九、生産・消費に関するものが二十六、反核・反原発・反戦といった活動事例は二十三、文化活動二十一、ごみ・リサイクル関連が十四、社会福祉関連が十二、そのほかに三十八の事例がありました。

このうち図書館に関するものとして、北海道札幌市の「新時代を先取りした図書館システム」、岩手県遠野市の「市立博物館・図書館」、秋田県横手市の「日曜子供図書館」、埼玉県与野市の「魅力ある図書館づくり」、千葉県浦安市の「市民に喜ばれている図書館」、東京都調布市の「図書館におけるサークル・講座活動」、大阪府藤井寺市の「市立図書館の建設」、高知県土佐清水市の「市民図書館建設」、高知県高知市の「高知市市民図書館の出版事業」、長崎県長与町の「住民パワーで自動車文庫発車」、宮崎県北川町の「読書運動」などの事例がありました。一部社会教育関係の雑誌も含みますが、これらのほとんどが地方自治関係の雑誌からのものです。つまり地方自治の関係者の間で、話題となったり注目された政策事例ということになります。図書館に関するものは、すべて採録したと思いますが、残念ながらその数は多くありません。むしろ少ないという感じでした。地方自治に関心がある人々の間では、図書館の役割はなかなか理解されなかったのかもしれません。

住民活動としては、神奈川県川崎市の「ゆりがおか図書館・ゆりの子会」を取り上げていますこれは、個人が私財を投じて運営している図書館でした。

ここでは、地方自治と図書館の問題について二つの事例にふれておきましょう。一つは千葉県浦安市で、雑誌「市政」一九八三年十月号で取り上げられたものです。

教育の荒廃が全国各地で深刻化しているこの折りに、浦安市の十人のうち九人までの子供達が、自発的に図書館に通っている現象は意義深いものがある。全国各地からの見学も多い。視察のポイントは中央図書館が導入した漢字オンラインシステムによる図書館サービスの電算化と整いつつある図書館奉仕網についての二つである。奉仕網については、「歩いて十分、どこでも本が借りられます」との方針を市民生活の中に定着させ、自宅から八百メートル以内にほとんどの市民が図書館施設を持つことになっている。（略）このため図書館利用率は極めて高く、子供から老人まで誰にでも使い易い図書館となっているわけである。（『全国地方自治体政策案内』上、一二四ページ。引用は「案内」の記載どおり。これは雑誌記事を要約したものです。）

浦安市の図書館整備は全国から注目されてきた事例でもあります。八百メートル圏内に図書館を一館設置するという基準は、東京二十三特別区でも多くの区で追求された目標でした。

もう一つは、調布市の事例です。調布市の地域サークルは、図書館からのはたらきかけで形成されたものも多く、その点では「行政主導型」との見方もあります。しかし、図書館からのはたらきかけはサークルが作られるきっかけにすぎず、その後サークルの多くは市民自身が運営することになっています。そもそも調布市は、市域のすべての市民が自宅から歩いていける距離に図書館があるといわれるほど、地域と図書館のつながりが深く、図書館が地域サークルの拠点になっていたのは自然な流れだったのかもしれません。調布ブッククラブ、読書グループ、創作グループ、文学散歩同好会など、それぞれのサークルが積極的な活動をおこなっていました。このように、中央館だけでなく図書館の分館も地域サークルの拠点として活用されていることは、図書館が「本を貸し出す」という本来の機能にとどまらず、本を通して知的活動の媒介となっていることを示しています。これこそ市民図書館という名にふさわしく、利用者の自主的な活用も、より意義深いものになるでしょう。

当時、調布市の図書館活動は、図書館界の外からは注目されましたが、図書館界ではあまり評価されていなかった、むしろ、否定的な評価のほうが多かったように感じました。

各県の図書館政策のなかで、先にふれた東京都のほかに注目されるものをあげておきましょう。

表2　地方自治体＝地方政府の政策分野（都道府県・市町村別）

	まちづくり	産業	建設・都市計画	防災	上下水道
都道府県	9	43	4	3	0
市町村	54	102	26	7	5
合計	63	145	30	10	5
	交通	消費	環境・自然保護	清掃・リサイクル	保険・医療
都道府県	4	1	12	2	10
市町村	16	3	50	23	38
合計	20	4	62	25	48
	社会福祉一般	障害者福祉	老人福祉	児童福祉	青少年
都道府県	7	3	8	2	10
市町村	14	28	15	6	28
合計	21	31	23	8	38
	教育	文化	スポーツ	イベント	観光
都道府県	6	14	4	3	3
市町村	23	70	18	15	21
合計	29	84	22	18	24
	国際交流	行政その他	合計		
都道府県	2	4	154		
市町村	10	41	613		
合計	12	45	767		

一九七〇年代に富山県が策定したものがあり、これによって富山県では、すべての市町村に図書館が設置されました。八〇年代には、滋賀県で図書館整備計画が策定されています（滋賀県図書館振興懇談会編『湖国の21世紀を創る図書館整備計画――滋賀県の公立図書館振興政策』滋賀県図書館振興懇談会、一九八八年、参照）。

4　人権・プライバシーに関する資料の取り扱いなどについて

一九七〇年代から八〇年代、日本では人権意識が高まりを見せ、図書館界でも外部からの批判を受けて「差別的な表現」をもつ図書の提供や差別を助長する質問事項への対応などについての取り組みが進みました。また、同じ時期にはコンピューターが導入され、プライバシーの保護も大きな課題になっていきました。図書館界では、コンピューターの導入にともなうプライバシー保護のガイドラインを作り、全国の図書館に周知するよう努力しました。私自身、日本図書館協会に設置された図書館の自由に関する調査委員会の委員の一人として、差別的な表現をもった図書の取り扱いについて問題があった図書館などに出向いて調査をおこなったり、関係者の意見を聞きながら、図書館としての考え方に対する理解を深めてもらう努力をしていきました。

図書館のレファレンスでの質問・回答サービスでも、差別と表現に関する問題に出合いました。あるとき、電話でアイヌに関する質問がありました。そこで、質問内容を調べて回答したのですが、このとき上司からアイヌではなく、ウタリという表現を使うようにと指導を受けていたので、それに従いました。すると質問した方は、回答を聞き終わってお礼を述べたあと、「自分はアイヌ民族で、あなたがいま使ったウタリという表現は、私たちにとっては差別的な表現だ。私たちはアイヌ、わが民族という言葉を誇りをもって使っている。あなた方もこれからはウタリという差別的な言葉を使わずに、アイヌという言葉を使ってほしい」と言われたのです。すぐに上司に報告して、それからはアイヌという言葉を使うようにしました。

また、特定地域の被差別部落（同和地区）の所在地を教えてほしいという質問も何回か受けたことがあります。もちろん、そうした質問には答えません。人権を侵害する質問として受け付けないことになっていました。その後、国連が提案した国際人権規約、子どもの権利条約、女子差別撤廃条約などの批准もおこなわれ、図書館での差別問題への取り組みも進みました。それでも、基本的な人権の侵害に関わる図書資料の取り扱いの問題がなくなったわけではありません。デジタル化の時代に入って、新しい問題も発生しています。これからも、人権、プライバシー保護の観点に立った図書館サービスを提供していく必要があります。

参考文献：大串夏身「差別・人権の視点からみた図書館」（前掲『図書館政策の現状と課題』一七八―一八七ページ）、大串夏身「差別と表現――社会教育とりわけ図書館との関わりで」（上杉孝實／黒沢惟昭編著『生涯学習と人権――理論と課題』所収、明石書店、一九九九年、第六章、一五七―一八〇ページ）などがあります。

5　思い出に残るレファレンス事例

私は東京都職員として、特別区協議会に出向した時期も含めて二十年間在籍しました。最後の担当部署は知事部局の企画審議室調査部でした。企画審議室は知事室の下の階にあった組織で、長期計画の策定などをおこなっていました。百人ほどの小さな組織で、知事から直接に指示を受けて仕事をしている組織でした。ここに二年半ほどいて、その後退職しました。

東京都立中央図書館で働いていたときはすべて参考課で、レファレンスサービスを担当していました。ここでは、このときに受けた質問のなかで特に記憶に残っているものをいくつか紹介します。最初、社会科学室に配属されました。そこではカウンターだけでなく、電話などでもいろいろな質問を受けました。経済・経営関係では、取引会社の経営状態を知りたいとか、その会社の取引銀行を知りたいという、特定企業の経営に関する質問もよく受けました。当時はオンラインデータベースがなかったため、帝国データバンクや東京商工リサーチなどの信用調査会社が作った年鑑やレポートなど複数の資料を調べて回答していました。外国からの相談も受けたことがあります。なかでも印象に残っているのは、アメリカからのファクスで、自社がこうした製品を新たに開発したので、日本で取り引きしてもらえそうな会社を教えてほしい、というものでした。これは都立図書館の資料では調べようがないので、国立国会図書館に転送しました。アメリカでは、そうしたことを調べる際の手がかりになるレファレンスツールがあるようです。それらはもちろん横文字で、加除式のものです。製品別に調べられる英文の資料は都立図書館も所蔵しており、私もレファレンスで使ったことがあります。しかし、日本国内のものについて製品別に調べることができるツールは、当時はありませんでした。

外国からの電話には、それぞれの外国語に堪能な職員が応対していましたが、午後五時以降は電話番が一人になるので、電話がかかってくれば私もあやしげな英語で対応せざるをえませんでした。例えばアメリカから、アメリカの公共図書館の数を知りたいという電話を受けたことがあります。私が「そちらの図書館に聞いたほうがいいのでは？」と言うと、「こちらは夜で、図書館がやっていないので調べてほしい」というのです。そこでアメリカの統計書を持ってきて、数値を読み上げました。

中央アフリカから電話がかかってきたこともありました。このように、海外から電話がかかってくる理由として、日本の図書館で電話で即時に回答してくれるところは東京都立中央図書館だ、といくつかの洋書の日本案内本に載っていたらしいのです。国立国会図書館は、電話では本の所蔵の有無程度は調べてくれました。しかし、具体的な事実調査などはしていなかったのです。このような海外からの電話は、雑音が多いので、受けたとき、これは遠くから電話をかけているな、とすぐにわかりました。

次に、レファレンスの具体的な事例を紹介しておきましょう。

ある日、「自分は〇〇×郎という名前だが、これは本名ではない。でも本名はわからない」という男性が訪れました。「いまの名前は、新宿の高架下で保護されたとき、面接した人に「名前は？」と聞かれたので、仲間内で「×郎」と呼ばれていたとおりに答えたのだが、以来それを自分の名前となっている。さらに「名字は？」「わからない」「名字はないのか？」「覚えていない」などの問答が続きました。当時、大きな事件があったので、それを名字として記録された。だから本名ではない。両親とは戦時中の空襲のときに別れたきりで、両親のことを知りたいし、自分の本当の名前も知りたいと思ってずっと調べている。娘はもうやめたほうがいいと言うのだが、自分としてはどうしても知りたい」。このような依頼でした。

私は、その方が住んでいた場所の手がかりがほしいと思い、「ご両親とはどこに住んでいたかわかりますか？」と聞きましたが、「わからない」という答えが返ってきました。それでも、記憶ではこんなところに住んでいたと、メモを書いて説明されました。桶屋が隣にあって、道路を隔てた向かいに浴場があり、その道を出たところに都電が走る道があり、都電は高架の下を通り抜けた先に折り返し点があった、というものでした。

私はこの情報をもとに、その方が住んでいた場所を調べ始めました。まず、戦前の地図を出して、高架をくぐり抜けたところに都電の折り返し点があるところを探してみると三カ所ありました。戦前の地図といっても、空襲があった一九四五年にいちばん近い地図はその三年前の四二年のもので、すでに防諜のためか、空白の部分が多くある地図でした。現状はどうなっているだろうかと思い、現在の住宅地図と比較してみたところ、実際にはそれほど変わっていないことがわかりました。また公衆浴場については、その方に「東京都公文書館に、当時よりも前になるが三五年前後のリストが所蔵されていると思うので、東京都公文書館に行って聞いてみるといいのでは」と伝えました。また、「公衆浴場の場所がわかり、メモの地図に当てはまるところがあれば、住んでいた場所もわかるかもしれないので、現地を一度訪ねてみてはいかがですか?」とすすめると、「行ってみます。こんなに丁寧に教えていただけることがわかっていれば、もっと早く来ればよかった」と言っていただきました。その方は、その後も何度か調べにきていたようです。これは私が都立中央図書館の東京室に勤務していたときに受けた質問で、一九七六年だったと思います。戦後三十年以上たっても、戦争の傷跡が残っていることを実感しました。

現在は、国土地理院が一九四四年末から四五年はじめに旧陸軍が撮影した空中写真をネット上に公開しています。これを当時見ることができたら、もっと明確に案内できただろうと残念でなりません。

戦争の影響といえば、次のような例もありました。

老人からの電話で、戦前の土地の地形がわかる地図はないかという問い合わせがありました。いつ頃かと聞いてみると、東京大空襲の前だとのことです。

その老人の話によると、「いま住んでいる家の隣に空き地があり、自分の記憶では、自分の家の土地だった。ところが最近、不動産業者が勝手に駐車場を作ってしまい、駐車料金を取るようになった。戦前からわが家の土地だと思っているところの一部が駐車場として利用されていて、自分としては納得できない。戦前の土地台帳は空襲で焼けてはいないということを聞いたのだが、役所に尋ねても、空襲で爆弾が投下されたところでは土地の境界を示す標識が移動している事例もあり、正確にはわからないことが多い」という。「こうした経緯があるのだが、なんとか戦前の土地の境界などがわかる地図はないか」という内容でした。

旧東京市十五区内では、確かに一九三五年前後に地籍図が作られているので、その範囲であればある程度はわかります。さらに、土地の上にどのような家や建物があったかについてわかるものとしては、火災保険会社が業務用に作った「火保図」が二十三区をカバーするものとして残されています。これを見ればある程度はわかるだろう、とその方に伝えると、すぐ、娘に行かせるようにするのでよろしく、ということになりました。これは電話で受けた問い合わせだったので、詳細を書いて、カウンターの担当者にわかるようにしておきました。これも先の事例と同じく、旧陸軍が撮影した空中写真が公開されていれば、より正確にわかったでしょう。

もう一つ、東京室（東京関係の資料室）のカウンターにいたとき、明治以降の火葬の歴史を調べたいという質問を受けたことがありました。品のいい老人でした。『東京市史稿』（東京都）「市街篇」などに火葬に関する記述があるので、いくつか紹介して、調べ方を案内しました。一緒に資料を見ていると、老人はそれとなく自分のことを話し始めました。自分は火葬場の経営をしてきて、それで差別されることもあった。しかし、自分は誇りをもって仕事をしてきた。自分がそうして生きてきたよすがとして、記録に残しておきたい。年をとったので、ここに来るまでの坂道も休み休みのぼってきた、できるだけ調べてみたいとのことでした。その後も何度か来られていました。

参考課一般参考室、ジェネラルレファレンスを担当していたときの事例のいくつかは、前掲『ある図書館相談係の日記』にまとめてあります。当時、ジェネラルレファレンスを担当していた一般参考室では、職員十人で一年間に約十万件のレファレンスの相談を受け付けていました。オンライン蔵書目録ＯＰＡＣも導入されていましたが、それでも目録ホールから開架室、閉架の書庫と走り回り、万歩計で計測してみると一日二万歩ほどになり、非常に忙しい毎日でした。もっとも、先にもふれたように、当時ニューヨークの市立図書館のジェネラルレファレンスの事例を紹介した本を読むと、十人の職員で三十万件を受け付けているとありました。私たちの三倍の仕事をこなしていたことになります。やはりアメリカはすごいと思いました。

第4章　一九九五年、ブリュッセルG7情報関係閣僚会議

1　十一のプロジェクトと図書館

一九九五年、ベルギーの首都ブリュッセルにG7（先進七カ国）の電気通信関係の閣僚が集まり、世界の情報化について議論しました。この会議は、ユネスコ（一九九三年）と国連（一九九四年）がGII（Global Information Infrastructure）、つまり世界情報基盤整備について提案したのを受けて、G7が世界の情報化を責任をもって進めようという目的で開いたものです。この電気通信関係閣僚会議はのちに「情報関係閣僚会議」と呼ばれることが多くなりました。この会議で合意した十一のプロジェクトのうち、日本がフランスとともに電子図書館プロジェクトの幹事国になったことで、国立国会図書館、国立大学図書館協議会、国文学研究資料館、文部省などが協力して、その実現に努めることになりました。

文部省は地域電子図書館構想協力者会議を設置して、二〇〇〇年に『２００５年の図書館像――地域電子図書館の実現に向けて：報告』（地域電子図書館構想検討協力者会議、文部省）を公表します。さらに、文部科学省内に「図書館をハブとした情報ネットワークの在り方に関する研究会」など三つの研究組織が設置され、調査研究を進めていきました。それらの調査も参考にして、これからの図書館の在り方協力者会議が〇六年に『これからの図書館像――地域を支える情報拠点をめざして（報告）』（文部科学省）を発表しています。そこでは、地域課題解決支援サービスが提案されました。以後、地域課題解決支援サービスの取り組みは拡大して、さまざまなテーマを扱うようになり、マスコミの関心も高まり、図書館のイメージを変える力になっていきます。

ところで、このときの十一のプロジェクトのうち、図書館に大きな影響を与えたものとして、電子図書館、電子博物館、そして電子政府がありました。電子博物館のプロジェクトでは、イギリスやフランスなどの博物館、美術館などが所蔵資料をデジタル化してウェブ上にアップすることになりました。電子政府については、政府が発表する各種文書のウェブ上へのアップはもとより、過去の文書のデジタル化も進められました。図書館では、電子図書館や電子博物館、電子政府の取り組みの広がりによって、広い範囲の書籍はもとより、公文書や絵画、彫刻、実物画像などがウェブで検索・閲覧できるようになり、また、書誌情報（メタ情報）も広い範囲で検索できるようになりました。これらの取り組みは政府関係、公的機関だけでなく、民間にもはたらきかけておこなわれました。

G７のプロジェクトで始まった情報関係の基盤整備は、現在も一層、拡大・深化しながら継続されています。まずは、コンピューターの情報通信ネットワークが社会基盤として充実してきていることがあげられます。博物館や美術館、図書館、公文書館などの所蔵資料のデジタル化は、ＭＬＡ連携（図書館と博物館・公文書館の連携）の基盤を作りました。ＭＬＡ連携はイギリスで初めて運用化されたものですが、過去の知的資産を協力して活用しようというもので、ほかの国でも同様の取り組みが進められています。遅ればせながら日本でも取り組みが始まり、書籍や文書の全文検索と閲覧は、図書館のレファレンスサービスを充実させ、また、資料提供サービスの範囲も拡大させました。書誌情報（メタ情報）の拡大については、例えば、世界の主要図書館の書誌情報が検索できるＯＣＬＣの「World cat」（https://www.worldcat.org/）も出現、「World cat」は、漢字でも検索できる仕組みになっています。ちなみに、「大串夏身」で検索しますと「すべてのフォーマット」で二百八十六件ヒットしました（二〇一七年四月二十八日閲覧）。書籍は百五十八件で、単著のほか編著、監修も含まれています。

さらに「World cat」では、世界の主な図書館の所蔵もわかります。私の本でいちばん多く所蔵されているのは『江戸・東京学研究文献案内』（大串夏身著、江戸・東京資料研究会編、青弓社、一九九一年）で、アメリカ合衆国の図書館で三十館、イギリスで四館、カナダで二館が所蔵しています。いちばん古い文献は、『東京水平社関係資料集成 第一輯――新聞・機関紙』で、これは一九七六年に取りまとめた私家版で、新聞などの原資料を切り貼りしたものをコピーした百ページ程度のものであるにもかかわらず、カナダのトロント大学などに所蔵されています。三十部を研究者仲間などに送りましたが、すぐにアメリカ議会図書館の日本資料の収集担当者から連絡があり、ほしいというのです。私家版であるという事情を説明すると、実費と送料を出すので、コピーを二部作って送ってほしいということでした。それでコピー代と製本代の実費と、送料の請求書を付けて送りました。その後、アメリカ議会図書館とカナダのトロント大学図書館に収蔵したと連絡がありました。

この経験から、アメリカの図書館の資料収集能力の高さを強く感じました。アメリカ議会図書館は、日本の図書館が所蔵していない日本関係の資料を多数所蔵しているようです。

2　秋葉原自費出版系電子書籍と図書館

ブリュッセル電気通信関係閣僚会議で提起された十一のプロジェクトのなかで、日本が電子図書館構想実現の幹事国になった関係で、わが国では国立国会図書館、国立国文学研究資料館、国立大学図書館協議会を中心に、資料のデジタル化やウェブでの公開などの推進に努めました。一部の私立大学では、学内での利用のために図書館資料などのデジタル化を進めたところもあります。公立図書館でも、一部の県立図書館で取り組みがありました。一例として、岡山県立図書館の「デジタル岡山大百科」や秋田県立図書館でのデジタル化の動きなどがあります。岡山県立図書館のものは住民参加型で、県民が遺跡の発掘現場で撮影した動画なども見ることができます。

一九九〇年代に、東京・秋葉原を中心に自費出版の電子書籍が大量に売買され始めましたが、そもそも東京では、五〇年代後半から自費出版の書籍・雑誌を売買できる書店が存在していました。

その後、自費出版物の流通が盛んになったことから、神田の一般書店や古書店が自費出版コーナーを設けるようになります。さらに、大手の東京堂書店神田本店なども自費出版のコーナーを設け、自費出版物の流通経路がより広がっていきました。詩集、小説、漫画や雑誌などが中心で、それも若者が作ったものがほとんどでした。学生街である神田の街でそうしたものが売買されたのですが、初期の自費出版物の多くはガリ版刷りでした。六〇年代の後半に文学サークルに参加した私も、同人誌を神田の書店に置いてもらったことがあります。書店に作品を持っていって置いてくれるように頼み、連絡先とタイトル、部数、価格を書いて提出し、一カ月すると売れた分の代金を受け取る、というシステムでした。置いてもらうこと自体が勇気のいることで、しばらくたってから売れたかどうかをおそるおそる店員に聞きにいき、数部でも売れているとうれしかったものです。

　こうした文化は文学系の若者文化といえます。一九七〇年代に入ると、漫画・コミックの同人誌も目につくようになりました。電子的な処理をするコピー機の普及が、その背景にありました。ガリ版刷りの場合、原版を作るにも印刷にも技術が必要です。学生の頃、サークルでガリ版印刷の原版を作るアルバイトをしたことがあります。一枚二千円もらえましたので、学生アルバイトとしてはいい収入でした。原版は、薄いろうを塗ったシートを細かい凹凸がついた鉄板の上に置いて、鉄筆で字を書いたり図形を描いていきます。横三ミリ、縦二ミリのマス目に一字一字刻んでいくのはかなりの時間がかかるし、一定の筆圧で書かないと印刷ムラになったり原版が破れるので、トレーニングをしなくてはお金を稼げる質のものにはなりませんでした。

　一般書籍のように立派なものはできなくても、何枚も刷ることができたので、ガリ版印刷は、若者にとって安く大量に印刷物を作ることができる便利な道具でした。

さて、前述したように、一九七〇年代になると電子的な処理をするコピー機が早稲田大学など総合大学の周辺に出現して、安く大量に印刷物をコピーできるようになりました。コピー機には、手書きの図面をそのまま印刷できる利点がありました。そこで漫画・コミックを書くことが若者の間に広まり、自分の作品をコピーして、ホチキスで綴じたものを書店に持ち込んで売買するようになったのです。

こうした「作品」は、東京の図書館ではほとんど所蔵されていません。国立国会図書館でもごくわずかしか所蔵していないのではないかと思います。

もっとも、地方の図書館では自費出版物、つまり流通に乗らない本や雑誌を積極的に集めて、地域資料の目玉として一大コレクションを作っているところもあります。行政が出す本などもこの類いといえます。

神田で売られていたガリ版刷りの冊子などには、のちに高名になった文学者のものもあります。書評家の岡崎武志もＪＰＩＣ（出版文化産業振興財団）の読書アドバイザー養成講座の講義で、神田の古本屋で本棚の下のほうにあったガリ版刷りの詩集を手にしたところ、高名な文学者の名前が書いてあったので安く買い求めたと語っていました。神田にある詩集を扱う文学の専門古書店では、本棚の上段に高額の本が置かれていて、下に行くにしたがって安くなり、内容もそれに比例しているそうです。岡崎がそうした古書店でその詩集を手にしたとしたら、非常に安かったのではないかと思います。のちに本人に会う機会があった折に聞いたところ、やはりその文学者本人のものだということで、いまでは結構な値段がつくはずだと言っていました。まさに掘り出し物です。早稲田大学の文学サークルの友人はみんな、文学者になることを夢見ていました。とはいえ残念ながら、僕が知っている友人のなかに名をあげた人はいませんでしたが……。

一九八〇年代から、自費出版物の流通の中心は神田から秋葉原に移ります。秋葉原で流通していたのは、デジタル化された自費出版物です。九〇年代に入ると、秋葉原にはCD-ROM版の漫画・コミック誌を売る店が、私の記憶では少なくとも六軒はありました。どこも若者が集まって、休みの日ともなると大変なにぎわいでした。そうした店では、漫画・コミック誌だけでなく、グラビアなども売っていました。グラビアは、プロダクションなどが作って商品として売っていましたので、持ち込みのコミック誌などとは扱いが違っていました。CD-ROMは、静止画だけではなく動画を組み込むものが見られるようになり、DVDに移行するなかで動画が増えていきます。パソコンで作ったり、描いたものをスキャナーで読み取ってCD-ROMに焼き込みます。CD-ROMの価格が急激に安くなっていったこともあり、自費出版系の電子書籍は数が年々増えていきました。こうした条件も相まって秋葉原での新たな文化が生まれるようになったと私は考えています。そして、それらは商業的な電子書籍、電子出版の一部分を形成するものにもなっていきました。

商業出版として初めての電子書籍は、CD-ROMソフトウェア『最新科学技術用語辞典』（藤原鎮男ほか編、三修社、一九八五年）で、パソコンで読み取るものでした。電子書籍用リーダーの最初の製品は、八センチのCD-ROMを読み取るもので、一九九〇年に発売されたソニー製電子ブックプレーヤー「データディスクマン」です（SONY「Sony Japan 商品のあゆみ」〔http://www.sony.co.jp/

［二〇一七年七月三日閲覧］）。三・五インチフロッピーディスクを読み取るものは、九三年にＮＥＣが発売した「デジタルブックプレーヤー」だといわれています。自費出版系CD-ROMの電子書籍の数が秋葉原でも増えるのは、こうした読み取り装置が普及したことも背景にあったと思われます。

私が自宅でインターネット（当時はまだテレネットと呼ばれていました）の情報検索を始めたのは一九九二年です。九五年にはWindowsが出てきたこともあり、秋葉原で電子資料を探し始めました。CD-ROMの電子書籍の辞書や、年表などのレファレンスツールを買い集めて、データの検証や検索方法、ダウンロードのやり方などを試してみました。秋葉原の自費出版系CD-ROMの電子書籍も興味をもって見て回り、電子紙芝居を店頭で見たのもこの頃です。

その後、ネット上にも電子書籍の販売店が登場して、ネット上で読むことができるようになり、電子書籍の貸本屋も登場します。ここでは貸出期間が最長六十日だったと記憶しています。ところで、私が最初にウェブ上の電子書籍販売の存在を知ったのは、フジオンラインシステムの「電子書店パピレス」でした。この会社は二〇〇〇年に株式会社パピレスに商号変更しています。大手の貸本屋として、同社が電子書籍レンタルサイト「電子貸本Renta!」を始めるのは〇七年です。

ネット上の電子書籍の売れ筋は、コミックとグラビアでした。初期の商業ルートに乗った電子書籍も、出版点数の八割がコミックとグラビアだったという報告を読んだことがあります。それでも徐々に一般の本が増えていき、公共図書館でもようやく電子書籍の閲覧・貸出が実現することになるのですが、その歩みは非常に遅いものでした。図書館が漫画・コミックを扱うことに対して尻込みしているのは不可解なことです。日本の文化は、漫画・コミックが担っている部分もあると私は思っています。これは、日本人の特性でもあるような気がします。例えば一五〇〇年代の後半に日本に来た宣教師が書き残したものを読むと、建物を建てるときに、宣教師が生まれたヨーロッパでは何枚も図面を作るが、日本では何人かが寄り合って板の上に墨で簡単な図を書いて、こうしようと言うと家が建ってしまう、という趣旨のことが書いてあります。これは日本人が立体的なものに優れた感覚をもっているからで、こうした特質は現代にまで受け継がれていると思われます。

ともあれ、漫画・コミックに対する評価を高めて、図書館での取り扱いが増えるように、図書館員は文化的な意味での視野の広さをもつ必要があるでしょう。

加えて、電子書籍の読み方のすすめにも取り組むべきでしょう。確かに本のほうが読みやすいのですが、「調べる」ためには電子書籍が圧倒的に使いやすいからです。そうした利便性があるにもかかわらず、電子書籍の活用、貸出などへの取り組みが遅れているのは、図書館が「調べる」サービスに取り組んでいないことを表していると思います。あるいは、「調べる」ための読み方のすすめに消極的だったことが要因だと思います。

私が初めて電子書籍の出版に関わったのは二〇〇〇年のことです。その年の三月に『東京都清掃事業百年史』（東京都清掃局総務部総務課編、東京都清掃局総務部総務課、二〇〇〇年、付属資料 CD-ROM 一枚：十二センチ＋説明書六ページ）と、『東京府・市二次統計書データベース 書誌情報レベルの作成』（東京都江戸東京博物館都市歴史研究室編、〔「東京都江戸東京博物館調査報告書」第九集〕、東京都江戸東京博物館、二〇〇〇年、付属資料 CD-ROM 一枚：十二センチ＋説明書〔十ページ、三十センチ〕）を出版しました。後者は、私が一人でデータを作ったものです。この頃、行政でもCD-ROMで資料を出しているところがありました。アメリカではすでに政府が政府刊行物をCD-ROMで出版し、図書館に配布していました。日本はアメリカと比べるとかなり遅れた状況で、これはのちに諸外国、特にG7の国々からの批判を受けることにもなりました。なお、その後「Google」などで既刊書籍のデジタル化がおこなわれ、私の本も順次電子化されているようです。

3　インターネットの普及とレファレンスサービス

インターネットの普及で、ネット上の文書や書籍などの取り扱いや、各種情報源をレファレンスツールとして評価できるかといった新たな問題が生まれてきました。それらの課題や議論を概観してみましょう。

ウェブサイトは図書館の資料となるか——図書館の資料の範囲

インターネットの登場で、その活用について図書館界でも議論が起こりました。一九九五年頃の図書館情報学の研究者の間では、インターネットは図書館のレファレンスでは使いものにならないという意見が大勢を占めていました。しかし、その急速な発展のなかで研究者の意識も変わり、図書館の資料としてインターネット情報源を取り扱うことができるかどうかという新たなステージでの問題へと移行しました。当初は、図書館の外部にあることからコントロールできず、図書館資料として扱うことに問題があるという意見もありました。しかし、結果的に図書館が評価し、リンク集などに組み込んで活用するのだから図書館の資料として扱うべきだ、ということに落ち着きました。これは資料のデジタル化が進むにつれ、当然のこととして考えられるようになりました。

レファレンス調査の対象になるウェブサイトなども図書館は資料評価をおこなうべきか

従来の理解では、図書館は資料評価をせずに、資料の記述をそのまま示して利用者の判断に任せるべきだという意見が大勢を占めていましたが、インターネットの登場によって、その情報源としての評価が求められるようになります。高校の情報科の教科書にもインターネット情報源の評価方法が記述されるようになって、図書館でも当然おこなうべきである、ということになったのです。

レファレンスサービスなどの受益者負担をどう考えるべきか。無料の原則との関係は？

行政サイドでの受益者負担についての議論は、福祉の分野で一九八〇年代におこなわれ、特定のサービスについては費用負担を求めることでおおよその理解が得られていました。図書館では、それから二十年以上もたってから、特に商用オンラインデータベースの導入をめぐって議論されるようになります。

4　情報化社会の到来と図書館、特にレファレンスサービスとの関係で

現代社会には情報が満ち溢れています。「情報化社会」という言葉を含む本が出版されるようになるのは、日本書籍販売の出版データベースを検索すると、一九八三年頃からのようです。レファレンスサービスの仕事に関わってきたので、情報化社会がサービスのあり方にどのような影響を及ぼすか関心がありました。しかし、関連する本を読んでもいまひとつピンとこず、なかなか自分の問題意識に合う本とは出合えませんでした。情報が満ち溢れる社会では誰もが容易に情報を入手できるようになる、あるいは、図書館の質問回答サービスはいらなくなるという意見がそのなかにはありました。情報がいつでもネットワーク上から入手できるようになれば、本は必要なくなるという意見もありました。そうなると、図書館としては劣勢に立たされます。図書館の存在意義が問い直されますし、同時に図書館の必要性はどこにあるのかという問いについて真剣に考えなくてはならないと思ったのです。

一九九三年になって手にしたのが、リチャード・S・ワーマン『情報選択の時代——溢れる情報から価値ある情報へ』（松岡正剛訳、日本実業出版社、一九九三年）でした。翻訳者の松岡正剛は、早稲田大学の文学部で入学した年に同じクラスだった高橋秀元と一緒に工作舎を作り、「遊」という情報誌を出して注目され、その後著名になっていました。私は興味をそそられて書店の店頭で手に

取ってみたのです。

「情報選択の時代」というのは、情報を活用するいわばユーザーの側からの視点だといえます。たくさんの情報のなかから自分に必要な情報を評価して選択する、というスタンスです。そのためには、情報の見方や独自の評価方法、また情報の効率的で的確な検索方法を身につけなくてはなりません。それらの能力を身につけるためのトレーニングも必要になります。他方、また情報と人を結び付けようとする側からは、別のアプローチが必要になります。その概略を、ワーマンは次のように示しています。

まず、社会のなかの特定の情報をもっている人々をグループとして想定して、そうした人々が効率よく、かつ的確に情報に到達できる道筋を示すこと、そしてその情報の流通を社会的に整備する必要がある、というものです。

これは、本と知識と情報をもっている図書館にも同様のことがいえます。図書館がもっている本や情報を利用者に活用してもらうためには、ただ本を本棚に並べる、コンピューターの端末を置いておく、ときどき新着案内のリストを作って配布する、館の入り口にテーマ展示をする、質問してくれるのを待っているという、いわば「待ち」の姿勢ではだめなのです。情報が満ち溢れる社会では、検索・探索して入手した情報を評価し、必要なものを選択しようとする人々に、待っているだけの図書館は選んでもらえません。こうした図書館は次第に忘れ去られていくでしょう。現在の利用者は残るにしても、地域全体として図書館を利用する人の割合は減少して、貸し出される、また活用される本の数も減少していくと考えられます。

『情報選択の時代』という書名は日本の出版社が付けたもので、原題は、“Information Anxiety”です。“Information Anxiety”には「情報不安症」という訳語が当てられ、出版社の説明によれば「自分が無知であると認識することによって生じる不安な状態」を意味するそうです。情報が満ち溢れる社会が到来して、個人は、自分が求める情報はどこかにあるはずだと思いながらそれを入手できない、ほかの人はすでに入手しているのではないかと思って精神的に不安定な状態になる、というわけです。当時のアメリカではこの情報不安症が社会的な現象としてすでに現れていたのです。日本ではまだまだそうした状況にはなかったこともあり、書名を『情報選択の時代』としたのではないでしょうか。

〈特定の情報をもっている人々をグループとして想定して、そうした人々が効率よくかつ的確に情報に到達できる道筋を示すこと〉に関して、私は漠然とその必要性を感じていました。そうした思いを書いたのが『チャート式情報・文献アクセスガイド』（青弓社、一九九二年）です。この本のあとがきで「情報の設計」というワーマンが使っているキーワードを取り上げています。ワーマンはもともと建築家で、「情報の設計」「情報の建築士」などの用語を使っていました。

同書は、情報を求める人が必要とする情報に、効率よく的確にたどり着くことができる道筋をチャート図で示したもので、その後の私の情報検索・情報探索の出発点になりました。さらに、二〇〇五年から「図書館の学校」（図書館の学校）に「チャートで考えるレファレンスツールの活用」という記事を連載しています（これは第六十四号〔二〇〇五年四・五月号〕から第百四号〔二〇一一年十二・一二年一月号〕まで三十五回連載）。その内容は、言葉の意味、人物情報、法律情報、教育情報、歴史、経済など広い範囲に及んでいます。また『チャート式情報アクセスガイド』（青弓社、二〇〇六年）という本も執筆しています。こうした発想の原点になったのは、東京都立中央図書館でのレファレンスの経験でした。

情報化社会では、地域のなかで特定の情報要求をもっている人を図書館が想定して、積極的にはたらきかけることで利用者を増やすことができ、またそうすることによって、情報を見つけるための場所として利用者に図書館を選んでもらうことができるのです。そのためには、来館した利用者が必要な情報を的確かつ迅速に選択できるように、本棚の本の並べ方や展示方法を工夫しなければならない、というのが当時の私が到達した考え方でした。

その後、図書館は地域の課題解決サービス（課題解決支援サービス）をどのように提供していくのかという課題に私も深く関わりました。これは情報サービスの一分野には地域の課題も含まれると考えてのことです。文部科学省の研究会にも参加し、ビジネス支援図書館協議会が主催する講座にも、講師として参加しました。ただ、地域のなかで特定情報に対するニーズをもっている人がいても、その人が求めているものは地域の課題だけに限られませんし、あらゆる分野に及ぶと思います。ですから、図書館としても情報の提供、情報の探し方、活用方法などについて幅広く提案していく必要があります。あわせて図書館のカウンターから出て、人々に図書館の活用をはたらきかける必要もあるでしょう。資料の提供だけでなく、資料を活用した発表会や各種イベントなども課題解決のための実践に含まれると思います。

住民が空間としての図書館を活用するテーマや方法はいくらでもあると図書館では考えています。

ただし、どんな場合でも資料を紹介することと、誰もが参加できる、というのが基本ルールです。そのために図書館は、本の展示方法をはじめとして、利用者が体系的に探索できるように書棚を整備する必要があります。それは『これからの図書館・増補版』（第５章「人と本・知識・情報を結び付ける」）などで書いているとおりです。

図書館のレファレンスサービスは時代の変化と住民の意識の変化に合わせて、内容や様式も変えていかなければなりません。

第5章　図書館のあり方についての疑問と批判

1　「読売新聞」の「無料貸本屋」批判

二〇〇〇年代に入ると、図書館のあり方についての疑問や批判が出てきます。その一つに公共図書館は無料貸本屋ではないかという批判があります。

一九七〇年代以降、貸出中心の図書館運営が進み、図書館は本を貸すところ、図書館は「趣味と楽しみ」の施設という理解が広まってきました。世論調査などでもそれが裏付けられます。既存図書館では、貸出冊数は伸びていますが利用者数は減少していて、特定の利用者のための図書館になってしまっているという批判もささやかれるようになりました。

そのような状況を背景に、図書館は「無料貸本屋」だとするキャンペーンが「読売新聞」によって開始されます。「揺れる図書館　上」（「読売新聞」二〇〇二年十一月十八日付夕刊）の最初の記事は、

「貸し出しは出版脅かす？　作家ら「本売れない」　補償金を巡る議論も」という見出しで、本文は「著作者や出版社からは「行き過ぎた貸し出し至上主義」「無料貸本屋」との批判が高まり、内部では不況を背景にした資料費の削減、業務の民間委託などが進み、専門性をもつ司書も減っている。図書館はどこへ行くのか」という書き出しでした。さらに、「公貸権」「無料貸本屋」という見出しの連載が続いています。

その連載記事のなかには、「にわかに巻き起こった公貸権論議の背景には、五年連続マイナスという出版不況がある。日本ペンクラブが今年二月に全国三百五十七館に送ったアンケート（回答は六十五館）で、Ｊ・Ｋ・ローリングの『ハリー・ポッター』（松岡佑子訳、静山社、一九九九年―）など人気の新刊は、大半の館が数十冊単位（自治体内系列館の合計）でそろえていることが明らかになった。作家の楡周平さんは「書店で買える本を図書館が大量に貸し出せば、著者に入るべき印税が入らない。無料貸本屋と公共図書館のどこが違うのか」と訴える」と書いてあるものもありました。

こうした「読売新聞」のキャンペーンに対して、図書館界内部では無料貸本屋とはけしからんなどの意見がありましたが、ある意味では、これは図書館が抱える問題を突いた批判だったといえます。

「読売新聞」の批判の背景には、ＯＰＡＣがインターネット上に公開され、図書館の蔵書が容易に検索できるようになったことがあげられます。これはある出版社の編集者に聞いたことですが、東京二十三特別区のＢ区に住んでいる作家が自分の名前で検索したところ、たくさんの本が区立図書館に所蔵されていることがわかった。その数が非常に多かったので、知り合いの「読売新聞」の記者に話した。記者が調べてみると、図書館のなかにはベストセラーをたくさん購入しているところがあることがわかった。これが発端だということでした。

「読売新聞」の記事はテレビなどでも取り上げられました。例えば、日本テレビは、十六の図書館があるC区では、又吉直樹『火花』(文藝春秋、二〇一五年)を百冊以上も所蔵していると報じていました。このあと、図書館界と出版界が協力して全国調査をしましたが、ベストセラーを所蔵している冊数は一館当たり二、三冊という結果になっています。

私も関心があったので検索してみました。『火花』は東京二十三特別区の図書館ではかなりの数を所蔵していて、日本テレビが報じたようにC区では百を優に超える冊数を所蔵していました。また、C区の中央図書館の職員に聞いたところでは、その区では地区館でも同じ本を十冊まで購入できることになっているとのことでした。政令指定都市も同様の傾向で、ある市の中央図書館では六十冊以上も所蔵していました。

こうした実態を、図書館界の発想では、よしとするか問題とするか、議論の余地はあるように思いますが、社会一般の感覚では無料貸本屋だという批判は当然といえるでしょう。先に述べたように、図書館界内部には「無料貸本屋とはけしからん」という意見がありましたが、私はこれを聞いて、図書館に関わる者は調査・研究に携わるのだから自分でもよく調べて判断したほうがいいと思いました。「読売新聞」の批判は、図書館に向けられただけでなく、図書館に関わる人の知性への批判にも感じられました。なお、補足すれば、首都圏・政令指定都市とほかの市町村とでは図書館に対して投入される資金の差が大きいため、同列に論じるのはかなり無理があると私は思います。

2　指定管理者制度の導入

一九九〇年代から図書館に対しても経費削減の要請が強まり、特に人件費の削減が課題となって直営から民間委託へという動きが進みました。既存の図書館では、資料にかける経費が継続的に削減されていったところもありました。

二〇〇三年の地方自治法改正で指定管理者制度が導入（地方自治法の一部改正で二〇〇三年六月十三日公布、同年九月二日施行）されると、これを採用する自治体が出てきます。その動きは、図書館でも順次進み、受託会社の親会社がビルメンテナンス業であるなど、従来は図書館と関係がない業界の会社が関わることも多く見られるようになりました。これに対して図書館界では「受託業務執行状況の評価」をおこなうべきという意見も出されましたが、図書館協会などは指定管理者制度に原則反対の立場をとり、そうした意見はあまり取り上げられることはなかったようです。しかし、現場の自治体では、議会からの要請もあって「評価」への取り組みが進みました。

二〇〇〇年代に入ってからも、多くの自治体でマイナスシーリングという財政削減が続けられています。図書館の資料費についてはマイナスシーリングをしない自治体もあるのですが、その数は多くありません。他方、鳥取県立図書館や岡山県立図書館のように、一億円以上の資料費を継続的に確保している図書館もあります。活発な図書館活動がおこなわれていてメディアにも多く取り上げられているのは、そうした図書館です。このように図書館の間に格差がはっきり出てきているのが現状です。

3　都道府県立図書館のあり方が再度議論されるようになったが……

二〇〇〇年代の初めは、都道府県立図書館のあり方が再び議論されるようになった時期でもあります。人と資料費を投入し、地域の中核となるような図書館を作ろう、直接的なサービスをしながら、市町村立図書館のバックアップもしていく図書館を作るべきではないか、という議論が起こりました。

他方、郊外に引っ越した都道府県立図書館のなかには、取り組みについて頭を抱えているところがあります。私はレファレンスの演習を依頼されることもあるのですが、例えば、ある県でビジネス支援というテーマで演習をおこなったとき、郊外に移転した県立図書館でビジネス支援に取り組んでいる職員と、市の中心街にある市立図書館で取り組んでいる職員に同じ演習問題を出すと、戻ってくる答えとしては市街地にある図書館の職員のほうが優れていました。この問題は、都道府県立図書館は市町村立図書館をバックアップする存在と位置づけられているにもかかわらず、その内実が失われている実例ともいえます。都道府県立図書館のあり方については、今後、さらに議論されていくべきでしょう。

4　図書館のコレクション形成の実際

図書館のコレクション形成について議論が起こったのも二〇〇〇年代初めでした。山本昭和（「本をどう選ぶか」「図書館雑誌」第九十三巻第六号、日本図書館協会、一九九九年、四四五ページ）や、根本彰（「「要求論」の限界とコレクション形成の方針」「図書館学会年報」第三十六巻第三号、日本図書館情報学会、一九九〇年、一二三ページ）が、図書館のコレクションに関する実態調査をふまえて、その形成についての意見を表明していきました。このコレクション形成についての議論のなかで、価値論ではなく、住民からの資料要求を第一に受け止めるべきだ、といった主張がよく聞かれました。一定の価値観に基づかないコレクションの形成は無責任だという意見もありました。

こうした議論を聞いていると、図書館の社会的な価値は何に由来するのか、という基本的な姿勢から考え直したほうがいいのではないかと思いました。図書館の社会的な価値は、市民社会に由来するものです。地域社会と、住民の仕事や生活などに根ざすなかから図書館の価値は生まれます。したがって、図書館のコレクションはそうした価値に基づいて形成されるのが理想的ですし、それは多元的であるはずです。なぜなら、市民社会は多元的な価値の融合から成り立っているからです。過去の図書館コレクションでは、政治的・国家的な価値を優先させたり、それらを巧妙に滑り込ませたりするものがあったようです。今後、市民社会に由来する価値に基づいて図書館のコレクションを形成し、それをさらに豊かにする方法として、住民の資料要求を受け止めることが重要だと思います。

5 『市民の図書館』脱却論？――「図書館界」の誌上討論について

現代社会での公立図書館の役割

二〇〇四年九月から〇七年十一月にかけて「図書館界」（日本図書館研究会）で、「誌上討論　現代社会において公立図書館の果たすべき役割は何か」と銘打った誌上討論が五回にわたっておこなわれました。①『市民の図書館』の歴史的評価、②貸出中心のサービスへの考え、③資料購入のあり方、を検討すべき課題として取り上げています。これらについて、前田章夫、嶋田学、永利和則、根本彰、糸賀雅児などが論考を寄せています。この三つの検討すべき課題は、私にとっては、時代の流れからずれたものであるという感じがしました。貴重な誌面を費やすのであれば、図書館の現場で直面している課題や、これからの問題についての論争を呼びかけたほうが生産的だろうと思えたのです。

事実、当時の公共図書館界で交わされていた議論は、BDS（ブックディテクションシステム）の導入や自動貸出機の導入の是非、図書館サービスへの課金のあり方、貸出サービスへの評価、ビジネス支援サービスの内容と是非、著作権、子どもの読書推進、指定管理者制度の是非、図書館サービスの評価、図書館司書の専門性、などでした。二〇〇八年に出版された田村俊作／小川俊彦編集『公共図書館の論点整理』（「図書館の現場」第七巻）、勁草書房）でも、これらの問題を取り上げています。編集時期は、「誌上討論」の時期とほぼ重なります。必ずしも勁草書房の内容のほうが優れているということではありませんが、「図書館界」の編集委員会の提案は、こうした現場の意識と明らかにかけ離れたところで発想されているように感じました。なお、勁草書房の本の目次は次のようなものでした。

第一章　「無料貸本屋」論
第二章　ビジネス支援サービス
第三章　図書館サービスへの課金
第四章　司書職制度の限界
第五章　公共図書館の委託
第六章　開架資料の紛失とＢＤＳ
第七章　自動貸出機論争

それでも、「図書館界」の誌上討論で、私が関心をもったものに次の三点がありました。

一つは、図書館のサービスについて研究者と現場の図書館員との間に認識のズレがあることでした。住民に接してサービスを提供している図書館員の想いが込もったサービスについての認識と、そうしたことを知らない、感じることができない研究者との間には、埋めることができない溝、ズレがあるのは、当然といえます。参納哲郎が、第二回で「現場の図書館員に期待する」(「図書館界」第五十六巻第六号、日本図書館研究会、二〇〇五年、三三三―三三五ページ)ものとして、図書館の全域サービスなどをあげていますが、長く図書館の現場で仕事をしてきた参納の偽らざる気持ちだと思いましたし、私自身も以前、「図書館雑誌」第八十巻第七号(日本図書館研究会、一九八六年)に「委託問題から政策提案・図書館計画づくりへ――来るべき時代へむけて新しい運動主体の創造を」と題してそうした趣旨のことを書いたことがありました。そのなかで、特に三十代の図書館員の奮起を期待したのですが、私自身、忙しさにかまけて行動を起こすこともなく、現場の経験をとりまとめて議論し発展させることができる仕組みを作ることができませんでした。これは私自身おおいに反省するところです。なお、秋田県立図書館の山崎博樹が国立国会図書館に出向してレファレンスデータベース作りに邁進し、それを実際に運用できるようにしたのは画期的な成果でした。このデータベースを通して多くの図書館員が学び、経験を共有できるようになりましたし、研究者へ研究データ、素材を提供することになりました。さらに、登録された事例を取り上げて、全国の図書館員がレファレンスの経験を深めていくことができれば、このデータベースの価値は一層高まるでしょう。

レファレンスサービスについて

二つ目に関心を寄せたのは、レファレンスサービスについてです。何人かの論者が、日本の図書館のサービスが貸出サービスに偏っているという批判に対し、レファレンスサービスを軽視してきたわけではなく、むしろ重要だと考えてきた、と述べています。また、貸出サービスに偏ってしまう遠因が『市民の図書館』にあるという批判に対しては、『市民の図書館』では、レファレンスサービスが資料提供サービスとともに二本柱として位置づけられているではないかといった反論がなされています。それらを読むと、レファレンスサービスの実情とその構造についての理解が浅すぎることに驚かされました。もっとも、図書館の現場でレファレンスサービスに関わり、行政のなかで七年半の間、一人専門職としてそのサービスを担当した私としては、反省すべき点もあります。というのも図書館員も含めて、国民的なレベルでレファレンスサービスに対する理解が十分でなく、レファレンス担当者としてそれを伝える努力が足りなかったと感じているからです。

貸出サービスだけでなく、もっとレファレンスに力を入れるべきだと私が主張したときに、特別区協議会調査部で室長から最初に指摘されたことは、「君のような考えは、水を飲みたくない馬の首に縄を付けて、無理やり水場に引っ張ってきて水を飲めと言っているようなものだ。もっと利用者が求めていることを考究して、それにふさわしいサービスを提供するように専門職としてよく考えなければ」というものでした。また、「貸出冊数が少なすぎる。その数を増やさなくては資料室としての役割を果たせない」として、貸出サービスに力を入れることと貸出冊数の飛躍的な増加を求められました。

そこで私が考えたのは、利用者の要求を把握して、それに向けてはたらきかけることでした。このために、資料室の案内に行政課題を取り上げて、問題の所在と資料の紹介、調べ方、利用・活用方法などを載せて配布したところ、大きな反響を呼んで、資料室の利用が飛躍的に伸び、貸出冊数も何倍かに増加しました。質問や相談も増え、資料室の活動、とりわけレファレンスが活性化したのです。さらに、キーワードで図書、雑誌などを検索できる冊子を作って配布しました。冊子に載せる雑誌の数は限られていましたが、できるだけ早く利用者に届けるために、雑誌の発行から早いもので二週間ほどで載せるようにしました。携帯電話のような通信機能もなく、コンピューター、パソコンも導入されていないときの話です。この冊子には、特別区協議会をはじめ各区の職員も戸惑ったようです。最初は、見方や使い方について質問が何件も寄せられましたが、丁寧に説明すると、非常に便利なものだと理解され、レファレンスの質問内容や調査のテーマも広がりました。資料室自体が調査研究機能をもっていたので、かなり踏み込んだ調査もおこなうことができました。こうした経験に比べると、「図書館界」の議論でのレファレンスの理解は、表面的なものにとどまっている印象が拭えませんでした。

貸出サービスに対して、レファレンスサービスの重要性を対置するだけでは、レファレンスサービスの取り組みが進むはずがありません。貸出サービスを中心に据えたうえで、レファレンスサービスの活性化を実現しようとするのであれば、貸出サービスに内在する「調べる」という実践作業の内容を探求してそれを顕在化し、両サービスの関連を論理的に明らかにする努力が必要です。つまり、見えない関係を見えるようにする、ということです。貸出サービスや資料提供サービスを充実させていくなかで、利用者と本を結び付ける試みをおこなうことで、貸出サービスがレファレンスサービスへと結び付く、その流れに沿ってレファレンスサービスを活性化させていく、こうした道筋が示されなくてはなりません。本と人との目に見えない関係を見えるようにすることができるのは、現場の図書館員だけです。本と本の関係、本と人との関係、本を仲立ちとした人と人との関係、これらは目に見えないものです。それを目に見えるようにすることで、図書館のサービスが実現していくわけです。ところが残念ながら、日本の図書館の現場では、こうした見えないものを見ることができるようにすることができる職員が少ないようです。図書館員としての仕事のなかでそうしたトレーニングを受けていないのではないかと思います。まして図書館を外から論じている行政関係者、研究者、評論家などにそれを求めるのは無理な話です。

利用者が増えればレファレンスサービスも増える、これは事実でしょう。そしてさらにレファレンスサービスが発展する。この部分は図書館側の希望のようなものです。しかし、希望をいくら抱いても、実現しないことが多いのがこの世の中です。サービスを提供する側からは、利用者の行為を探求して、それに即してサービスをきめ細かに提供していくことが必要ですが、個々のサービスを孤立させるのではなく、サービスに内在する関係を明らかにして、重層的にサービスを提供するようにしなければならないでしょう。これまでの日本の図書館では、こうした努力が十分でなかったのではないでしょうか。さらにいえば、個々のサービスに内在する関係を明らかにして、貸出サービスを発展させると同時に、レファレンスサービスの活性化を実現できるのは現場の図書館員だけです。住民でも行政の管理職でも、まして研究者でもありません。現場の図書館員は、日常の仕事のなかで、そうしたことを意識しなければならないでしょう。

『市民の図書館』脱却論？

いまひとつは、『市民の図書館』脱却論についてです。誌上討論の第二回で馬場俊明（「市民社会における公立図書館の役割──『市民の図書館』脱却論と専門職論の錯誤」、前掲「図書館界」第五十六巻第六号、三二三─三二九ページ）が書いていますが、少し驚かされました。というのも、この論文の標題を見るまで脱却論と呼べるような体系的な論文を読んだことがなかったからです。糸賀雅児が、二〇〇一年の図書館大会の全体会のパネラーとして「私は絶対に、『市民の図書館』から脱却しなければだめだと思う」と述べたといわれていますが（斎藤仁史「知を創造する図書館への転換──教育機関としての公立図書館に着目して」「北海道公共図書館司書会会報 すてきな図書館」第五号、北海道公共図書館司書会、二〇一六年、参照）、この発言から「脱却」という言葉が注目を集めたために、あたかもそれが体系的な論として展開されたと受け止められてきたようです。しかし、糸賀は、パネラーとして述べたこと、つまり「『市民の図書館』から脱却しなければだめだ」ということについて、その後、より詳しく論文という形で表現したことはありません。糸賀は、前述の馬場論文に対して第三回の「図書館界」第五十七巻第四号（日本図書館研究会、二〇〇五年）に「『市民の図書館』からの脱却に向けて正確な理解を──《誌上討論》のこれまでを読んで」（二六三─二六九ページ）を寄せていますが、これも体系的な内容ではありません。なお、糸賀は「「地域の情報拠点」への脱却が意味するもの」という論考を、同誌の第五十六巻第三号（日本図書館研究会、二〇〇四年、一八八─一九三ページ）に寄せています。これは誌上討論の第一回でした。

こうした議論に対して、最近、斎藤仁史が前掲「北海道公共図書館司書会会報 すてきな図書館」第五号掲載の論文（二一―三三ページ）で興味深い意見を述べています。その核心部分は次のようなものです。

このような議論を筆者はこれまで、『市民の図書館』推進論」対、『市民の図書館』脱却論」と認識していた。同じ次元で今後の公立図書館のあり方を論じている、路線論争のように考えていた。だが、『市民の図書館』推進論」が、知を保存し、知を利用するという公立図書館の基本機能の推進を主張しているのに対し、『市民の図書館』脱却論」は、その上に新たに積み上げる基本機能について論じている。両者の次元が違うのである。

現代は、公立図書館概念の基本的な枠組みの変更、換言すればパラダイムシフトの時代に入った、というのが筆者の見解である。パソコンソフトにたとえるならば、応用ソフトの単なるバージョンアップではない、基本ソフトの変更なのである。つまり、これまでは知の保存というフレームに、知の利用という二つのフレームを重ねて従来の図書館サービス全体のフレームができてきていた。ここに来て、新たなフレームが従来の二つのフレームの上に重ねあげられて、三重構造のフレームができつつある。その変化の途上にあるのが、現代日本の公立図書館なのである。したがって、『市民の図書館』脱却論」は、知を利用することを主な機能とする図書館からの脱却論であり、新たな公立図書館のあり方の開拓論なのである。

斎藤のこれは、妥当な意見といえるでしょう。ここで、私の『市民の図書館』の評価について少し述べておきます。

『市民の図書館』を擁護する側からは、批判する側は『市民の図書館』に代わるべきビジョンを示せていないという意見が出されています。これはなかなか難しい問題です。というのは『市民の図書館』は、資料費を確保するための予算要求の仕方など、財政的な技術にまで言及しているからです。ここまで論じるには相当に行・財政に経験をもたないと難しいでしょうし、一九七〇年からは地方自治の行・財政のシステムも変化してきているので、その変化をふまえて、同じレベルで『市民の図書館』に代わる的確な指針を示すのは至難の業といわざるをえません。私も東京都と特別区の行政組織のなかで働きながら多くを学び、行・財政の基本から技術的な面まで教えてもらいました。そうした経験から見ると、教育委員会の傍系に位置する図書館が、資料費の確保・増額、新規事業の認知と予算の配分を勝ち取るのは、技術的にも難しい。『市民の図書館』の単純な内容ではすでに対応できなくなっているとはいえ、新たに図書館を作る過程では、『市民の図書館』には現在でも参考になる内容が含まれています。『市民の図書館』は技術的・マニュアル的なもので、新しい図書館を作ろうとするときの一定の指針が示されていることから、手引書として読まれてきました。しかし、そこには図書館に対する思想的に豊かなもの、新しいものがあるというわけではありません。

そもそも「図書館の基本的な機能は、資料提供である」という考えが独り歩きしていた感がありますが、「資料提供が図書館の基本的な機能」という定義には、私は違和感があります。「資料提供」は図書館サービスの基本であって、図書館全体の基本的な機能とはいえません。もしそうなら、あまりに内向きで、社会全体のなかでの図書館を考える地点からかけ離れているように思われます。

図書館の基本的な機能は、人間が生み出してきた知的な生産物である本（書物）を収集・整理・保存して、次の世代に伝えると同時に、その活用を通して地域社会の創造的な発展に寄与・貢献するものである、と私は考えています。「活用の基本」は、個人、組織、団体などの読書、学習、調べる、そして創造的な活動に役立てる、それらの集合として地域社会の質的な向上・発展に寄与することです。そのために、図書館はさまざまなサービスを地域社会に提供します。

『市民の図書館』は技術的・マニュアル的な内容で、これを進める日本図書館協会は、本格的な図書館のあり方をその延長線上に示さなくてはならなかったといえます。これはのちに「公立図書館の任務と目標」（一九八九年一月確定公表、二〇〇四年三月改定）として示されたのですが、公表したときは、『市民の図書館』の発表からかなり時間がたっていて、それに、「任務と目標」を読むと、両者の関連ははっきりしません。

第6章　新しい図書館のあり方

1　新しい図書館の動き

二〇〇〇年前後から、新しい図書館のあり方についての提案が出されてきました。諸外国の図書館の動きがインターネットなどでわかるようになってきて、新しい時代が到来しつつあると多くの人が感じたことも、その要因としてあったと思います。

例えば、先にふれたように、一九九五年にベルギーのブリュッセルで開かれたＧ７情報関係閣僚会議で、電子図書館、電子博物館、電子政府構想など十一のプロジェクトが提案され、Ｇ７各国が責任幹事国となって実行に移されます。その前に、ユネスコがＧＩＩ、つまり世界の情報基盤整備を提案したこともあり、図書館を取り巻く世界的な環境が大きく変わってきたわけです。

そのなかに、知識と情報のあり方の変化があります。ネットワークという新しい知識・情報の伝達方式が世界を覆ったことによって知識・情報の創造の方法が変わり、それはネットワーク上だけでなく、地域での情報を得る方法や学習過程にも影響を及ぼしてきました。また、そうした社会の到来を予見して読書の重要性にも注目が集まり、幼児期からの読書についてのさまざまな試みが始まります。しかし、残念ながら日本でのこの取り組みは遅れてしまいました。

もちろん日本でも、二〇〇〇年前後から新しい動きが顕著になってきます。その一つが、ビジネス支援など特定のテーマに取り組む図書館が増えてきたことです。

ビジネス支援図書館推進協議会の結成

菅谷明子によるニューヨーク市立図書館のレポートが一九九九年九月の「中央公論」（中央公論新社）に発表され、それを契機として、二〇〇〇年十二月にビジネス支援図書館推進協議会が設立されました。また、〇三年には『未来をつくる図書館——ニューヨークからの報告』（菅谷明子、〔岩波新書〕、岩波書店）も刊行されています。これも一つの契機になり、新しい図書館のあり方、また地域の課題解決支援サービスなどの取り組みへとつながったのでした。

図書館法の改正と「望ましい基準」の公布

一九九九年十二月に図書館法の一部改正、また二〇〇〇年二月には「法施行規則の一部を改正する省令」が公布され、これで公立図書館の最低基準に関する規定は削除されました。さらに〇一年七月に「公立図書館の設置及び運営上の望ましい基準」（文部科学省告示）が公表されるなど、行政サイドからの新しい図書館創設への動きが続きます。一方、一九九八年十二月に出された「司書及び司書補の専門性を示す通知（通達）」（「司書および司書補の職務内容について」）は廃止されました。この廃止は、司書の専門職制度を維持するうえで大きな問題を投げかけることになったと思います。というのは、司書が専門職として社会で認められる条件の一つに、専門職としての職務内容をいつでも明示できることがあげられます。「司書はどのような専門職なのか」を知りたいと思ったときに、その職務内容を示す文書を誰でも読むことができるようになっていなければなりません。しかし、これが廃止されたために、代わるものを専門職集団としての司書が作成し公表しなければならなくなりました。あるいは、文部科学省に対し、時代にふさわしい内容を提案して、何らかの形で国民に提示することができるようにはたらきかけることが必要になったわけです。今後、司書を自治体で採用するときは、それぞれの自治体が、それぞれに司書の職務内容を住民や議会に明示しなければならなくなりました。

なお、「望ましい基準」は、その後二〇一二年に改定され「図書館の設置及び運営上の望ましい基準」となりました。

子どもの読書の推進

もう一つ、この流れとは別に、子どもの読書の推進も積極的に取り組まれるようになりました。二〇〇一年に「子どもの読書活動推進に関する法律」が制定され、推進計画が作られ、現在は第三次計画が進行中です。しかし、計画はあるものの、公共図書館としてどう取り組むのかという具体的内容については各地バラバラで、ある県では県立図書館が子どもの読書とは関係ないという態度をとり、子どもの読書の推進計画での県立図書館の役割についてはほとんど記載されていないところもあります。そのために、市町村の図書館の館長が役所に行くと、「図書館は読書と関係ないんだ」といやみを言われて困っているという話も伝わってきました。

先に述べたように、都道府県立図書館は、第二線図書館論によって児童サービスから撤退してしまったところもあり、そうしたところでは対応が消極的のように思えます。

私は、子どもの読書活動を推進していくために、都道府県立図書館の役割は非常に大きいものがあると考えています。ある県の図書館建設に私が関わったときにも、児童室をどうするか関係者の間で議論がありました。私はゼロ歳児からの子どもの読書が非常に重要だという立場から、児童室を作って県内の読書推進センターとして、積極的に地域にはたらきかけるようにすべきだと主張しました。県立図書館は先頭に立ってそれを推進するべきであり、そのために児童室の設置、子どもの読書センター設置は不可欠です。幸い、そのための部屋が作られることになりました。都道府県立図書館が理論的な考察を深め、サービスの開発・普及に努め、市町村立図書館を支援していくことは、都道府県立図書館の役割ともいえましょう。愛媛県立図書館などは、その役割をしっかり果たしています。県内の市町村立図書館の取り組みも、見るべきものがあります。

2　文字・活字文化振興法と「施策の展開」のその後

二〇〇五年、議員立法で文字・活字文化振興法が成立しました。その成立後、議員連盟は、法の制定過程で実現できなかった事項について、法を活用して積極的に展開するための「施策の展開」を発表します。これには、出版界、公共図書館、学校図書館が対象になっています。

この「施策の展開」の内容は、議員連盟が作成した法の原案には書かれていたものの、その後、主に地方六団体の反対にあって実現しなかった項目を中心としていて、いわば敗者復活を期したものになっています。なお、法の原案について、議員連盟が二〇〇四年十月に関係団体を集めて説明・意見を聞いた際、図書館関係団体として全国学校図書館協議会、日本図書館協会が呼ばれて出席しています。その場にいた人の話によれば、全国学校図書館協議会は諸手を挙げて賛成したのに対して、日本図書館協会は消極的な姿勢で、議員連盟のメンバーの不興を買ったということです。「施策の展開」（参考資料を参照）のうち、学校図書館に関する事項については、ほぼすべてについて取り組まれていますが、公共図書館に関する事項についてはほとんど取り組まれていません。

参考資料：「文字・活字文化振興法の施行に伴う施策の展開」（抜粋）（二〇〇五年四月十一日に開催された活字文化議員連盟主催の文字・活字文化振興法シンポジウムで配布された文書）

文字・活字文化振興法に基づき、政治・行政・民間は連携して、次の施策を推進する。

〈1〉地域における文字・活字文化の振興

・ブックスタートの普及による子育て支援
・本の読み語り支援、読書アドバイザーの育成
・移動図書館の普及・拡充
・作文アドバイザー（著述業、作家など）のネットワーク化による作文活動の奨励
・読書・絵本のまちづくり活動の支援、小規模書店の個性化・ブックフェア等の支援
・教育機関の図書館の地域開放等支援
・未設置市町村における公立図書館の計画的な設置
・公立図書館設置基準の改革（自治体単位から人口比への改善）
・公立図書館図書の学術・研究等専門書の整備・充実
・公立図書館への専門的な職員・読書アドバイザーの配置の推進

〈2〉学校教育に関する施策

・読書指導の充実、読書の時間の確保による「言葉力」の教育支援
・教員養成課程への「図書館科」（仮称）または「読書科」（仮称）などの導入による教員の資質の向上
・学校図書館図書標準の達成、学校図書館図書整備費の交付税措置の充実・予算化
・小規模校（十二学級未満）への司書教諭の配置、学校図書館に関する業務を担当する職

員配置の推進
・司書教諭の担当授業の軽減・専任化などの推進
・高校図書館の充実
・盲・ろう・養護学校の読書環境の整備
・新聞を使った教育活動の充実
・読み書き活動の基盤である国語教育の充実・より豊かな日本語の教育支援
・学校図書館支援センターによる学校間、公立図書館との連携・推進
・IT化の推進による学校図書館・公立図書館と国際子ども図書館などのネットワーク化の推進

〈3〉出版活動への支援は省略しました）

（出典：「文字・活字文化振興法の施行に伴う施策の展開」〔http://www.jbpa.or.jp/nenshi/pdf/0505.pdf〕。なお、日本図書館協会は『豊かな文字・活字文化の享受と環境整備――図書館からの政策提言』という文書を二〇〇六年十月に発表しています。）

3　デジタル・ライブラリアン講習会の開催

デジタル・ライブラリアン講習会は、二〇〇一年から糸賀雅児を中心としたメンバー（原田隆史、

大串夏身、長谷川豊祐、山崎博樹など）が、紀伊國屋書店などの後援を得て開催されたものです。これは二〇〇〇年の『2005年の図書館——地域電子図書館の実現に向けて：報告』の作成に関わったメンバーが、報告の内容を実現するために、司書の技術的なレベルアップを図る、また司書研修のプログラムを開発するために取り組んだものでした。当初は、公共図書館コースと大学図書館コースがありましたが、のちに公共図書館コースだけになります。地方でも県教育委員会などの求めに応じて短期講習会を開催し、〇七年まで続きました。ここで試みられた各種のプログラムは、のちに文部科学省による地域の研修会などでも活用されました。その点では、司書のスキルアップに貢献したといえるかもしれません。

4　「レファレンス協同データベース」の開始

これは、国立国会図書館が二〇〇五年から開始したもので、その中心になったのは、秋田県立図書館から出向していた山崎博樹でした。山崎に聞いたところ、このデータベース化を進めるうえではさまざまな苦労があったそうです。私もこのデータベース構築に少し関わり、また協議の席上では学校図書館まで参加できるよう主張しました。学校図書館の参加は、運用が開始されてしばらくしてから実現しました。私としては、日本の図書館のレファレンスサービスへの取り組みを盛んにするために、もっと多くの図書館が、特に市立図書館や大学図書館に参加してほしいと思っています。一七年十月現在の参加館は、公共図書館四百四十五館（都道府県立五十三館、政令指定都市立二十五館、市立三百十七館、町村立四十館）で、ほかに大学図書館百八十五館、専門図書館五十七館、学校図書館四十八館となっています（第5章第5節の『「市民の図書館」脱却論？』を参照）。

5　二〇〇六年、鳥取県立図書館が新しい県立図書館構想を発表

鳥取県立図書館は二〇〇六年に「知的立県鳥取」の中核施設として位置づけられた新しい県立図書館構想を発表しました。そこでは、読書を通じた人づくり、仕事と生活に役立つ図書館、地域の情報センターなど六項目が掲げられ、より強力な取り組みが進められました。この構想は、実現のための目標・計画まで織り込むなど、優れた内容でした。これに続いて岡山県立図書館や秋田県立図書館なども、地域の課題解決支援サービスを中心とした地域への直接サービスと市町村立図書館へのバックアップサービスを強化していきます。これらの図書館はマスコミにもたびたび取り上げられ、鳥取県立図書館はＮＨＫ鳥取支局の特集番組にも登場することになりました。

鳥取県立図書館は、片山善博が知事になってから、知事の意向で図書館の充実に取り組んできました。片山知事の話によると、自身は高校まで岡山県で学んだが、県の学校図書館は充実していて、特に高校の図書館で学んだことがいい経験になったということです。そこで、最初は鳥取県でも高校の図書館を充実させたいと考えていたようです。しかし、知事部局が直接教育委員会に手を出す

わけにはいかないので、まず、県立図書館の館長に優秀な職員を配置しました。その館長が県立高校めぐりをして、学校図書館は重要な役割を担っていて、学校図書館を充実することが教育の質の向上につながると各校の校長に話し、積極的に取り組もうという校長がいる学校図書館から正規の学校司書を配置していく。それを五年かけて実現したということです。もちろん県立の高校の図書館だけではなく、県立図書館そのものもよくしなくてはいけないということで、館長は同様に取り組んだとのことでした。

私はその新しい県立図書館の構想を作る際に呼ばれ、座長を務めました。そのとき最初に渡された原案には、従来どおりの図書館は資料提供の場であるといった内容が冒頭に書かれていました。私は「これではいけない。過疎地を抱えている五十四万人の県で、本当に県民がどう考えているのか、それをきちんとふまえたうえで図書館構想を作らなければいけない」という話をしました。

最初に重視したのは、人づくりです。地域のなかで人を育てて、その人たちが地域のために、地域をよくしたいという思いで動いていく、そんな地域に愛着をもった人をつくりたい、そのためには、まず読書ということで、一番目に読書を通じた人づくりという項を置きました。「構想」では、「人づくりを支える図書館」という項目名になっています。二番目に、ユネスコが一九九四年の公共図書館宣言のなかで掲げた地域の情報センターとしての図書館を入れ（「構想」では「情報拠点としての図書館」となっています）、三番目に、仕事と生活に役立つ、それも目に見えて役立つ図書館を作らなければいけないという視点から、仕事と暮らしに役立つ図書館を掲げました。四番目は、地域文化を大切にする図書館、以下、図書館のための図書館、県民サービスを創造する図書館、としました。最後の項目は、県民とともにサービスを創造する図書館、つまり図書館は県民とともにつくっていく施設だという意味が込められています。

こうしてできあがった「構想」に基づいた取り組みが進められ、結果として地域の課題解決支援サービスなどにも成果があがっています。これが実現したのは、館長が管理職として優秀な人だっただけでなく、専門職である司書も優れていたためです。鳥取県立図書館の取り組みは、社会的に高く評価されてきていますが、岡山県立図書館や秋田県立図書館なども同様の取り組みを積極的に進めて、それぞれに特徴あるサービスを展開して評価されています。

このように、県立図書館にも新しい動きが出てきました。

また、二〇〇六年頃を境に、市町村立図書館でも積極的な取り組みがおこなわれるようになってきました。それによって図書館のイメージが変わってきて、マスコミにもたびたび取り上げられるようになりました。各地の市町村立図書館の取り組みについては、大串夏身『挑戦する図書館』(青弓社、二〇一五年)でも紹介しています。

6　学習指導要領の改定と図書館

二〇〇八年から〇九年にかけて、学習指導要領の改定がおこなわれました。この改定に基づいて作られた新しい教科書が、小学校では一一年、中学校では一二年、高等学校では一三年(理科と数学は一二年）から教育現場で使われています。この新しい教科書を見ると、小学校一年生から図書館を使うという内容が盛り込まれ、三年と四年で地域のことを調べるという課題が示されています。図書館で調べることから始めて、地域の人々に話を聞いたり、調べる活動をして、それらをグループで協力してまとめる、さらに教科書によってはお世話になった方々への礼状の書き方まで記されているものもあります。小学校・中学校・高校を通じて、図書館を使った調べ学習への取り組みが取り上げられています。高校になると、教科別に調べる課題が示され、図書館やインターネットを活用して調べ、さらに調査などをおこない、それをとりまとめて発表し、討論・評価するところまで書かれています。図書館員としては、これらの教科書をよく読んで、取り上げられている課題についでは地域の資料や情報源も含めてチェックしておき、聞かれた際には彼らがきちんと調べることができるようにしておかなければならないでしょう。

さらに、情報科の教科書では、インターネット情報源の検索・評価、著作権への理解も含めた情報モラルを学び、さらには、デジタル絵本を作成してウェブ上にアップするなどの課題が示されているものもあります。こうした教科書に基づいて、教育や学習方法も変わってきました。アクティブラーニング、コミュニティーラーニングなど、グループで学ぶ学習方法が示され、図書館などを利用する場合でも、みんなが知恵や知識を出し合って調べる方向も提案されています。こうした変化をふまえて、地域の図書館も変わっていく必要があるでしょう。調べるという行為や活動には、一人で調べるだけでなく、関わっている人がみんなで調べるという方法があります。図書館も、そうしたみんなで調べる場を提供するようになっていかなければなりません。また、情報技術教育の推進による向上も著しく、それに合わせて、司書が専門職として身につけるべきスキルもレベルアップしていくのはいうまでもないことです。

7 複写サービスに関わる著作権所有者からの批判

図書館の複写サービスについて、一九九〇年代からさまざまな批判がありました。公共図書館に対する批判が噴出するきっかけになったのは、九九年四月に横浜市立図書館がおこなった著作権法第三十一条によらない十円コピーのサービスでしょう。これは、横浜市立図書館が、図書館内に設置された十円のセルフコピー機を利用して利用者に自由にコピーさせるというものでした。横浜市立図書館は批判を受けて第三十一条のサービスに復帰することになるのですが、この問題は、松本功が指摘しているように実は根が深い問題でもありました。「紙の本の問題だけに止まらない。すぐ後ろにデジタルコンテンツの複製の問題が控えている」（松本功「横浜市立図書館十八館でセルフコピーサービスを導入 著作権法三十一条に抵触か」「新文化」二〇〇一年二月十五日号〔http://www.hituzi.co.jp/library/yokohama-sinbuka.html. 二〇一七年六月十日閲覧〕）

ところで、著作権（より広くは知的所有権）は産業革命の時期のイギリスで作られた権利で、オリジナルを作り出した人の権利、とりわけ経済的な権利を守り、より多くの人が創造的な活動に関わり、よりいいものを社会に継続的に作り出す目的で制定されました。世界の工場としての地位を継続的に確保するために作られたものだったのです。多額の費用を投じて新製品や新技術を開発しても、コピーされたものがすぐに作られて出回ったのでは、オリジナルを考えた人はその多額の投資を回収できなくなります。そうすると積極的に新しいものを作り出そうという人が少なくなり、経済的発展が阻害される結果になります。著作権法は、社会のなかでの創造活動を継続できるようにするための重要な法律だといえます。

日本の著作権法で、コピーが許される特別な地位を与えられている施設が二つあります。一つは学校・大学などの教育施設で、もう一つが図書館です。その理由としては、教育施設は人の育成を目的としていて、図書館は社会での創造的な活動を継続・促進するための施設だからです。

そうした創造的な活動に寄与するため、著作権施行令第一条第三項で図書館には「司書」を置いていることを条件として示しています。横浜市の著作権法第三十一条によらない十円コピーのサービスは、著作権所有者の図書館の複写サービスへの疑念に火をつけたといっていいでしょう。図書館では、著作権法によらない複写サービスがおこなわれている、図書館司書のチェックもなく自由に複写がおこなわれている、複写申込書も置いていない図書館がある、司書を置かない図書館がある、などです。

私も図書館の利用者であると同時に著作権所有者ですので、複写サービスには関心があります。二十年前は図書館員でした。図書館員として、苦労が多いサービスの一つが複写サービスでした。利用者は、本の全部や雑誌の最新号の記事の全ページをコピーしたいと思っています。雑誌の最新号であれば、巻頭のグラビアも一枚単位で一つの著作物です。しかし、一つの著作物は半分までしかコピーを許可できません。「すべてコピーさせろ」「いやそれはできません」と押し問答をして、あげく怒った利用者に罵倒されたことは一度や二度にとどまりません。こうした経験をした図書館員としては、横浜市の図書館の措置も心情的に理解できます。しかしまた、著作権所有者としては許すことができません。図書館員は、著作権所有者と利用者の間に立って調整する役割を担っています。私が勤務した都立図書館は、著作権法に基づいてしっかりとサービスをしていました。ところが、各地の図書館を回ってみると、十円コピーで自由に複写させているところがいくつもあるのが実情です。図書館の社会的な役割を理解していないのではないかと思います。二〇〇〇年代に入ってから著作権団体と図書館が話し合って、複写サービスのルール化が進められています。そこでの合意は、図書館側の主張を反映したものになっています。図書館員経験者としては、サービス提供上のトラブルが少なくなるのはありがたいことですが、著作権法に基づいてきちんとサービスをする姿勢は、これまで以上に示していくことも必要だと思います。

参考文献：村上泰子「図書館と著作権問題――研究文献レビュー」（「カレントアウェアネス」第二百八十号、二〇〇四年六月二十日、CA1528）などがあります。

8　ライブラリー・オブ・ザ・イヤー

「図書館界に新しい風を！新しい文化を！」。このスローガンが、ライブラリー・オブ・ザ・イヤーの原点です。これは、ライブラリー・オブ・ザ・イヤーを発議した高山正也、またその提案に応えた田村俊作、柳与志夫ら諸氏、それに私の共通した思いでした。

ライブラリー・オブ・ザ・イヤーが始まった二〇〇六年当時、日本の公共図書館の評価は貸出一辺倒の硬直したもので、図書館員のなかには沈滞したムードが漂い、若い人たちが自由にモノを言えない雰囲気がありました。こうした状況を変えたいという思いから、「良い図書館を良いと言う」を合言葉に、ライブラリー・オブ・ザ・イヤーが始まったのです。

受賞館は表3のとおりです。なお二〇一六年の「ライブラリアンシップ賞」とは、「ＩＲＩ　知的資源イニシアティブ」のウェブサイトを参照すると、「長年にわたって地域住民や図書館員が協同し、さまざまな図書館活動を継続的に行った図書館等を称えるため、今年度創設した賞です。ここで言うライブラリアンとは、図書館員グループおよび地域住民の総体を示しています。長期にわたって日本を代表する優れた図書館サービスを、館種を超えた図書館や地域住民と共に行ってきたことを評価するもの」でした。

なお、ライブラリー・オブ・ザ・イヤーは二〇一五年で終了する予定でしたが、図書館界内外からの強い要望によって、一六年から新たな体制で継続することになりました。一五年で終了するとした理由は、開始以来十年たったことでの一区切りという思いがありました。また、当初からの選考委員会のメンバーの多忙ゆえの入れ替わりや、議論の内容が当初の「良い図書館を良いと言う」から、貸出冊数など従来の評価方法を議論のなかに持ち出す委員も現れるなど、当初の趣旨とは異

表3　LoY大賞、優秀賞、特別賞受賞館（組織・団体・事業なども含む）一覧

注：特に記載のないものは「優秀賞」受賞、2006年は大賞、07年は大賞、会場賞だけを記載した。

受賞館	受賞理由
2006年	
大賞：鳥取県立図書館	同館はビジネス支援サービスをはじめとしためざましいサービス活動を展開するとともに、市町立図書館および学校図書館との連携により、県全体の図書館サービスのレベルアップに積極的に取り組んでいます。地域のなかで、地域に関わって活動することにより、地域の役に立つ図書館をめざす、というこれからの図書館のあり方を示した点を評価しました。
2007年	
大賞：愛荘町立愛知川図書館	図書館員がそれぞれの専門分野をもち、町づくりに積極的に関わっている点を評価しました。
会場賞：静岡市立御幸町図書館	（会場で来場者がパネル展示を見て投票したため、特に理由の記述はない。ビジネス支援サービスなどが評価されたものと思われる）
2008年	
大賞：千代田区立千代田図書館	指定管理者制度を採用して、夜10時までの開館やコンシェルジュなど都心型公共図書館の新しい姿を提案している点、地元出版界・古書店・ミュージアム等とも連携した幅広い活動を展開している点が評価されました。
恵庭市立図書館	2002年から始めたブックスタート事業による、「子どもが幸福になれる」街づくりを、図書館が中心となって、各世代が関わる全市民的な読書振興活動として進めている点が評価されました。
旅する絵本カーニバル	広域的な巡回図書館活動と美術館等各種機関との連携を通じた幅広い活動によって、子どもや地域を育む「種」となる図書館のあり方を示している点が評価されました。
ジュンク堂書店池袋本店	調べものに利用できる十分な「蔵書」があり、本に詳しい、レファレンスサービスのできる社員を擁して、講演、展示、「想」検索参加などの企画を展開している点が評価されました。

2009年	
大賞：大阪市立中央図書館	HPが四カ国語で作られるなど「開かれた図書館」を実践している点、データベースの数が多く利用が簡単であるなど、図書館でのデータベース利用のモデルを示している点が、評価されました。
渋沢栄一記念財団実業史研究情報センター	単に資料を収集するだけではなく、研究機能をもつことによって情報・知識の生産をおこなっている点、アーカイブ・博物館と連携し、WEB配信を駆使して、図書館の枠を超えた活動をしている点が、今後の公共的な図書館のあり方について一つの考え方を示していると評価されました。
奈良県立図書情報館	奈良がもつ豊かな歴史と文化に着目し、伝統文化産業や関連NPOとの連携を進めるなど、従来の公共図書館サービスを超えた新たな歴史・文化との結びつきを模索し、成功している点が評価されました。
2010年	
大賞：カーリル	全国5,000館を超える図書館・図書室蔵書の横断検索サービスとして、従来の図書館系のサイトWebサービスを凌駕している点、図書館界に留まらず大きな話題となった点が評価されました。
京都国際マンガミュージアム	京都市と京都精華大学の官民共同事業モデルとして、立地を活かした観光客もターゲットにしたサービス・イベントを積極的に展開している点、豊富な漫画資料を所蔵して国内の類例機関の嚆矢となった点が評価されました。
神戸大学附属図書館デジタルアーカイブ事業	国内研究機関有数のデジタルアーカイブ事業として戦前の新聞記事や震災関係資料等のコンテンツが充実している点、教員が作成したデータを、退職後に図書館が引き継いで事業化している点などが評価されました。
特別賞：置戸町生涯学習情報センター	「過疎の町における図書館」のモデルの一つとして、過疎地域自立促進特別措置法における地方債（過疎債）の対象に図書館が含まれるようになったことに貢献したことが評価されました。
2011年	
大賞：小布施町立図書館	「交流と創造を楽しむ文化の拠点」として、各種イベントの実施や地元の方100人のインタビューの電子書籍化をおこなうなど、小布施文化や地域活性化の拠点としての活動を進めている点が今後の地域の公共図書館の在り方の参考となる点が評価されました。

住み開き	住み開き（すみびらき）とは、大阪と東京でおこなわれている、自宅や事務所などのプライベートな生活空間を、個人図書館や博物館などセミパブリックとして開放する活動のことです。公からの一方的な情報提供から市民同士による情報提供への変化の一形態としてこれからの図書館のあり方の参考になる点が評価されました。
東近江市立図書館	「市民の方が生まれてから亡くなるまで、豊かな生活ができるように支えるのが図書館の使命」と考え、市民の自主グループと協同し、市民が地域の問題を発見・学習できる環境を整備することで、図書館がリーダーシップを取る町づくりを積極的に進めていこうとしている点が評価されました。
森ビルによるライブラリー事業	私立公共図書館（有料）として、利用者の知的生産活動を促す空間の創出をサービスの明確な目標として掲げ、公共図書館事業を企業活動の一環として展開し、一時の話題になることなく、利用者の増加や平河町ライブラリーの開館など継続的な成功を収めている点が評価されました。
2012年	
大賞：ビブリオバトル	発表者による好きな本のプレゼンやディスカッションをおこなうイベントです。「人を通じて本を知る／本を通じて人を知る」というコンセプトを掲げた知的書評合戦として、全国大会がおこなわれるほどの盛り上がりを見せています。継続的におこなわれていること、各地で開催されていることなども評価されました。
CiNii	大学に限らず極めて広範に利用されるサービスとして、日本における学術コンテンツ発信の先進事例となっている点が評価されました。2011年11月にリニューアルされ、CiNii ArticlesとCiNii Booksの2本立て構成になったことを機会とし、今年の候補となりました。
saveMLAK	東日本大震災における、博物館・美術館（M）、図書館（L）、文書館（A）、公民館（K）についての被災・救援情報を収集・提供する活動、支援者と受援者をつなぐ中間支援活動です。多数の有志の参加により幅広い活動としておこなわれたことが、今後の災害支援の在り方のモデルになるとして評価されました。

三重県立図書館	県立図書館のあるべき姿をめざす「明日の県立図書館」をオープンな手法で策定し、進めていること、旬の企画を率先してプロデュースし、県内各地の公共図書館と共催する形で活動を展開していることなど、県立図書館が県内の図書館活動を積極的に推進している点が評価されました。
2013年	
大賞：伊那市立図書館	iPad/iPhoneアプリケーション「高遠ぶらり」を活用した「街中探索ワークショップ」や、地域通貨「りぶら」の活用など、図書館というハコや仕組みの枠を超えた新鮮な提案とその推進により、新しい公共空間としての地域図書館の可能性を拡げている点が評価されました。
千代田区立日比谷図書文化館	館の目的として掲げた、「図書館機能」、「ミュージアム機能」、「文化活動・交流機能」、「アカデミー機能」という、従来の図書館機能に博物館・学習・交流の機能を統合した複合施設として、それぞれの分野で新しい事業・業務展開に意欲的に取り組んでいる点が評価されました。
長崎市立図書館	地域の課題として「がん情報サービス」を取り上げ、県・市の行政担当部課、医療機関などと協力して展開してきた事業（がん情報コーナーの設置、レファレンスの充実、がんに関する講演会など）が、市民はもとより県・市医療機関からも高い評価を得ている点が評価されました。
まち塾@まちライブラリー	「まち」毎に「まちライブラリー」（学びあいの場）を設け、そこで受講者自らが課題を持ち込み、グループで議論し、「まち」を元気にするプランを作り、実行していくことを目指した活動です。情報・知識の交換・創造の場を作る取り組みが広がっていることが評価されました。
特別賞：図書館戦争	原作者、出版者、映画関係者、関係する図書館等、ムーブメントとして。

2014年	
大賞：京都府立総合資料館	かねてからMLA連携の実践館として各種デジタルアーカイブの構築を進めているが、3月に公開した「東寺百合文書WEB」は、資料価値もさることながら、収録データをCCライセンスに準拠する「オープンデータ」とし、いわゆる「OpenGLAM」の格好の事例となっている。誰もが自由に利用できると明示して提供したこの姿勢は、MLA機関の指針となっている点を高く評価したい。
海士町中央図書館	隠岐の離島という地理的ハンディのある過疎の町において、移住者を中心に公民館図書室の設置、図書館の新設と、島民みんなでつくる新たな形の図書館整備を進めている。「島まるごと図書館構想」は、地域内での分散型図書館サービスの先駆例でもある。また、2013年には、クラウドファンディングを利用し、図書館として日本で初めて成功した。過疎の町村の図書館振興＝まちづくり振興のモデルとして、学ぶところが大きい。
福井県鯖江市図書館「文化の館」	図書館友の会実行委員が自主的に運営する「さばえライブラリーカフェ」は、100回以上の定期開催の実績を誇る。テーマも高度であり、「市民がつくる図書館」としての面目躍如といえる。ほかにも、学校図書館支援や地場産業支援の取り組み、県内初のクラウド型図書館情報システムの導入、鯖江市のオープンデータ政策との連携、女子高生による企画会議の開催等、運営・事業面で話題性と先駆性の高い図書館である。
NPO法人情報ステーション「民間図書館」（千葉県）	千葉県船橋市を中心に、商店街の空店舗やマンションの一室等を活用し、地域密着型の小規模図書館を運営。民間資金を調達し、図書は寄贈を募り、窓口はボランティアで賄っている。住民同士の交流の場を創出し、地域活性化に寄与。都市型民間図書館の経営モデルとして普及性が高い。
2015年	
大賞：多治見市図書館	地域の産業に根差した「陶磁器資料コレクション」はビジネス支援・産業支援として本来図書館が取り組むべき課題に明確に向き合っている。特に収集が難しいミュージアムやギャラリーの図録を数千点規模で収集していて、この「司書が足で稼ぐ」収集活動のありようは、他の図書館にとって極めて示唆的である。

くまもと森都心プラザ図書館	熊本駅前のまちづくりの拠点として新都市創出に貢献し、毎年100万名以上の来館を達成している点を評価した。一般的なお話会等にとどまらず、図書館活用セミナーや写真展・展示会、試飲会等、従来の図書館の枠にはまらない事業を展開し、かつ図書館機能と連動させていることは、これからの図書館の可能性を打ち出すモデルとなりうる。
塩尻市立図書館／えんぱーく	人口6万6,000名の町でありながら、開館5年で累計来場者300万名を達成していることは、地方の小都市においては異例の成果であり評価できる。単なる図書館単独施設ではなく、一体的な組織運営も含め塩尻を中心とした周辺地域の市民交流機能をあわせもっていることは、これからの時代の地方都市における文化施設のあり方を端的に示している。
B&B	2012年に東京・下北沢で開店して以降、従来の書店のあり方（経営、企画）に大きな波紋を投じており、地方で衰退する「まちの小さな本屋さん」の復興のきざしとも取れる。また、地域コミュニティーと密接に関わって開催されるイベントは図書館からも注目を集めており、Library of the Yearで評価する意義がある。
2016年	
大賞：伊丹市立図書館ことば蔵	斬新な市民発イベントの図書館サービス展開：受賞理由：図書館において、学びや遊びに関する創造的な活動を市民と共に実践している点を評価。／推薦詳細：「交流フロア運営会議」を設置し、市民と共に企画を実現した。市内書店と協力した「帯ワングランプリ」、地元商店主が講師となる「まちゼミ」、本を使った婚活や本のタイトルだけで作家を目指す企画等、様々なイベントにより来館者も増加し、経済効果を生み出した。
オガールプロジェクトと一体での紫波町図書館	図書館を中核としたPPPによる地域の活性化：受賞理由：様々な連携を通じて、地域活性化の中核的な役割として図書館が機能している点を評価。／推薦詳細：真のPPPといえるオガールプロジェクトで図書館という仕組みに注目し、その期待に応えた図書館職員の働きを評価。農業支援やオガールとの連携により、地域全体を活性化し、全国から視察が絶えない。入館者数も20万人を超えている。

東京学芸大学学校図書館運営専門委員会	データベースにより学校図書館の知を拓く：受賞理由：「学校図書館活用データベース」の継続的構築、学校を開き、知の共有の場を創成している点を評価。／推薦詳細：「先生のための授業に役立つ学校図書館活用データベース」を構築。学校図書館での授業実践事例等を、収集し公開している。外からは見えにくい学校図書館の活動を、対外的に明らかにしている取り組みを継続しておこなっている。
大阪産業労働資料館（エル・ライブラリー）	コミュニティーに拓かれた専門図書館活動：受賞理由：地域における公共的活動拠点として開かれ、広範囲な人々が支えている点を評価。／推薦詳細：日本で最もMLA融合を実践するライブラリー。図書だけでなく、労働組合資料、工具、ゲバ棒から椅子まで、日本でここにしかない貴重な博物資料を収集・提供する。全国のサポーターから支援を受けることで、公費によらない運営を実現していることは、一つのロールモデルにもなっている。
ライブラリアンシップ賞：伊万里市民図書館と伊万里市民図書館友の会　図書館フレンズいまり	図書館の市民自治：受賞理由：20年間にわたり、市民と共に優れた図書館運営とサービスを提供した点を評価。／推薦詳細：伊万里市民図書館は、その設置・建設の過程より市民参画によりつくられ、運営されている。公共図書館が、自治体によるサービス提供と住民のサービス享受という関係にとどまることなく、公共運営の本義である団体自治と住民自治の融合により存続する事業体であることを20年間にわたり示し続けていることを特に評価した。
ライブラリアンシップ賞：READ&LEAD　地域の活性化と住民の幸せに貢献する鳥取県立図書館と県内図書館ネットワーク	地域の役に立つ図書館：受賞理由：県内および全国の図書館と密なネットワークを構築し、知のインフラを体現した点を評価。／推薦詳細：鳥取県立図書館は、ビジネス支援サービスや県内公共図書館・学校図書館との連携ネットワークの構築による社会全体の知的基盤整備に努め、「地域の役に立つ図書館」というこれからの図書館像を確立し、リードしてきた。これからの図書館のあり方に対する、10年間にわたる課題提起および貢献を特に評価した。

（出典：「IRI　知的資源イニシアティブ」〔http://www.iri-net.org/〕にあるLoYの事務局提供の各年のプレスリリースから抽出して作成しました。

⇒文献：『LRG――ライブラリー・リソース・ガイド』第13号（アカデミック・リソース・ガイド、2015年）に「総特集Library of the Yearの軌跡とこれからの図書館」（福林靖博／岡野裕行）があります。とりまとめた二人、特に福林靖博は長い間事務局担当として、ライブラリー・オブ・ザ・イヤーの中心メンバーとして活躍しました。

なる方向へと向かうことが危惧されるようになったからでもあります。委員も年齢を重ね、このあたりで一区切りにしようという雰囲気が自然に受け入れられていきました。私は審査委員長として、その旨を表明しました。

「IRI　知的資源イニシアティブ」のウェブサイトにライブラリー・オブ・ザ・イヤーについて寄せた一文「図書館界に新しい風を――ライブラリー・オブ・ザ・イヤーの原点」（http://iri-project.org/loy/the-starting-point-of-loy/）があります。内容は以下のようなものです。

「図書館界に新しい風を！新しい文化を！」というのが、ライブラリー・オブ・ザ・イヤーの原点、出発点にある。これは、ライブラリー・オブ・ザ・イヤーを発議した高山正也先生、またその提案にこたえた田村俊作、糸賀雅児、柳与志夫ら諸氏、それに私の共通した想いだったと思う。個人的には特にその想いを強く持った。

ライブラリー・オブ・ザ・イヤーがはじまった二〇〇六年は、どのような年だったかと言うと、一九九五年のブルッセルG7情報閣僚会議で合意された十一のプロジェクトが取り組まれ十年が経過して、電子政府、電子商取引、電子図書館、電子博物館等が具体的に姿をあらわし、新しい社会の到来が実感できるようになった年だ。また、文部科学省のこれからの図書館の在り方検討協力会議が「これからの図書館像―地域を支える情報拠点をめざして」を発表して、新しい図書館の方向を示した年でもあり、さらにAKB48が一枚目のシングルを発表して、サブカルチャーの領域に新しい風を吹き込んだ年でもあった。

当時、公共図書館には沈滞したムードがただよい、若い人たちが自由にモノを言えない。図書館の評価は貸出一辺倒の硬直したもので、こうした状況を変えたい──その合言葉「良い図書館を良いと言おう」というものだった。

本は、多様な内容を持っている。それは人々のさまざまな活動に生かされることによって新しい価値を社会に、個人にもたらす。図書館はそれをもたらすためにさまざまなサービスを展開しなくてはならない。図書館の評価はそうした社会個人との関係で行われるもので、その評価は多様なものでなくてはならない。ひとつでも良いものがあれば、それを評価しよう。多様な評価と自由な議論を通して、来たるべき新しい社会にふさわしい図書館を考えよう。これがその合言葉にひめられた想いだ。

これは、時あたかも一枚目のシングル『桜の花びらたち』を発表したAKB48の軌跡[1]とよく似ている。AKB48の『桜の花びらたち』の冒頭に過去との決別を象徴する鐘の音が鳴りわたる。それは、二枚目『スカート、ひらり』の最後「スカート、ひらり　ひるがえし／ハートに火がついたように／私たち　何をしても／許される年頃よ」。三枚目『会いたかった』の「好きならば／好きだと言おう／誤魔化さず／素直になろう／好きならば／好きだと言おう／胸の内／さらけ出そうよ」と続き、サブカルチャーシーンに新しい風を吹き込み、新しい文化創造へと滑空をはじめるのだ。「好きならば好きだと言おう」「良いものは良いと言おう」、その共通するフレーズは「誤魔化さず、素直になろう」だ!!

AKB48が飛翔したようにライブラリー・オブ・ザ・イヤーが飛ぶことができたかというと、

それは比較することが無理というものだろうが、図書館界に新しい風を吹き込むことはできたのではないだろうか。もっともこれも、十年後、二十年後の歴史の評価にゆだねる他ないが――。

註（1）ＡＫＢ48のシングルを十年分、発売順に収録したＣＤ『0と1の間［Complete Singles盤］』（キングレコード、二〇一五年）には、「ＡＫＢ48 10年の軌跡」というドキュメンタリー映像が収録されている。

なお、この文章にはサブカルチャーについての長い解説がついています。字数の関係でＩＲＩのウェブサイトには掲載しませんでしたが、次のような解説でした。

ＡＫＢ48の新しさは、新しい恋愛観を歌ったところにあります。そもそも戦後の男と女の関係を描いた恋愛小説は男中心のものでした。これは新潮社の編集者にお聞きしたことですが、一九八〇年代に入ってある女性の推理小説家が、男中心の恋愛小説はけしからん、私が新しい恋愛小説を書く、と宣言して書くようになったそうです。それは従来の男中心のものではなく、男と女の関係を対等の関係として描いたものでした。これは売れたそうです。しかし、恋愛小説は二〇〇〇年代に入るとぱたっと売れなくなります。理由は、男が弱くなって草食系男子ばかりとなって従来の恋愛小説は絵空事になってしまったからだそうです。

サブカルチャーの世界では、戦後の歌に歌われる男と女の関係は、同じように基本的に男中心のもので、恨むのは女でした。ところが、一九八七年にこうした恋愛観を変えるアルバムが発売されます。岡村孝子の『リベルテ』がそれです。これは、都会で生きる一人の女が自分の生き方を求めて好きな男と別れて、自分なりに生き、最後に別れた男を励ます歌「あなたの夢を諦めないで」と歌うというものでした。このアルバムを境にサブカルチャーでの男と女の関係は変わったといわれていて、「リベルテ以前・以後」とも呼ばれています。

これ以降、女性が好きな男を励ます歌を歌い（例えばZARDの『負けないで』など）、大黒摩季のように女性ヴォーカリストが男になって歌うというシーンも登場するようになりました。古来わが国では「男歌、女歌」という世界があります。男が女になって歌う、女が男になって歌うという世界で、平安時代新古今以来の伝統です。これが中世になって途絶えて、一九八〇年代末になって復活するのです。

二〇〇六年、ＡＫＢ48はサブカルチャーのシーンに登場してきますが、そこで歌われる男と女の関係は、男は「草食系男子」そのもので、例えば、女の子から見つめられるまなざしによってかろうじてこの世での自分の存在を確認するという男子が歌詞のなかに登場するが、草食系男子そのもの。現実の草食系男子が、ＡＫＢ48の歌にリアリティを感じ、これは女性も同じです。現実にやっとサブカルチャーが追いついたというわけです。コミック、漫画の世界でも草食系男子が次々と登場します。

ＡＫＢ48の新しさは、こうした新しさだったわけです。図書館界も、新しい状況についていけるか、まさに問われていた時期にライブラリー・オブ・ザ・イヤーが始まったといえます。

9　「図書館員が選んだレファレンスツール二〇一五」の実施

私が企画して、日外アソシエーツが事務局になって実施した「図書館員が選んだレファレンスツール二〇一五」の結果は、インターネットの時代のレファレンスツールが大きく変化しつつあるなかで、レファレンス質問・回答サービスの変化も予想させる結果になりました。

その変化の一つは、事実調査のなかでも簡易な言葉の意味などに関するものが明らかに減少していることでした。これは、インターネット上の辞書や事典などが活用されることで、図書館へ問い合わせることが少なくなったことが原因としてあげられます。さらに、調査全般についても減少傾向が見られます。インターネット上に統計表などがアップされて、容易に検索できるようになったことも背景にあるでしょう。

いま一つの変化は、国立国会図書館や国立情報学研究所の所蔵情報に加えて書誌情報もインターネットで検索できるようになり、それが多くの人に活用されていることです。

一九八〇年代以降、情報化が進むなかで、従来の書誌情報の探索に加えて、事実調査が重視されるようになりました。私が勤務していた都立中央図書館では、八〇年代にレファレンスサービスについて検討していたのですが、書誌情報を重視する従来の考え方に対して、事実情報を重視する考え方も提起され、結局、どちらに重点を置くかについての意見の対立は解消されず、報告書には両論併記となりました。事実調査を重視する意見は、情報化が進めば情報（つまり事実）に対する質問が多くなってくるだろうから、それに対して積極的に対応すべき、というものでした。

こうした事実調査を重視する流れは、その後のレファレンス質問・回答サービスの主流になっていきます。司書養成課程用の「情報サービス論」のテキストにも、事実調査に対応したレファレンスツールが優先して記述されています。もっとも、理想社の『情報サービス論』（大串夏身／齊藤誠一編、二〇一〇年）では、書誌情報に関するレファレンスツールを優先して記載しています。

ともあれ、インターネット情報源が出現して、書誌情報の検索が非常に容易かつ広い範囲でできるようになりました。さらにデジタル化された資料の全文検索もできるようになって、書誌情報を検索したうえで、全文閲覧が可能にもなったわけです。

より詳しく研究したい場合には、例えば「Google Book」で全文検索をおこなってリストアップし、著作権の関係で全文閲覧できないものは所蔵情報を検索して、所蔵している図書館で現物を閲覧することもできるようになりました。「Google Book」には雑誌や新聞も収録されていて、検索できるようになっています。私も雑誌論文の一部に関連した記述があることを確認して現物を図書館で閲覧し、その内容を確かめた、ということがありました。検索結果の一覧では著作権があるものは検索キーワードがある文章の数行が表示されるだけですが、それでも手がかりを得ることができます。

このように、インターネットの時代に入って書誌情報（インターネット情報源も含むものになったので「メタ情報」というべきかもしれません）の検索が新たな段階に入ったといえます。

表4の「図書館員が選んだレファレンスツール二〇一五」は、参考図書に加えインターネット上のレファレンスツールも対象とした初めてのもので、印刷資料の時代からの変化を明らかにしたものといえます。これに先立つ二〇〇八年のアンケート調査では、印刷資料だけを対象としていました。

表4　図書館員が選んだレファレンスツール2015

1、参考図書ベスト10

順位	お薦め参考図書2015	票数
1	国史大辞典（吉川弘文館）	57
2	角川日本地名大辞典（角川書店）	41
3	日本国語大辞典（小学館）	39
4	理科年表（丸善出版）	29
5	世界大百科事典（平凡社）	25
5	大漢和辞典（大修館書店）	25
7	日本大百科全書（小学館）	24
8	国書総目録（岩波書店）	21
9	現代用語の基礎知識（自由国民社）	15
9	広辞苑（岩波書店）	15
	総回答数181件702票（一人5点選出）	291

2、データベースベスト10

順位	お薦めデータベース2015	票数
1	CiNii Articles（国立情報学研究所）	96
2	CiNii Books（国立情報学研究所）	59
3	ジャパンナレッジLib（ネットアドバンス）	58
4	NDL-OPAC（国立国会図書館）	48
5	国立国会図書館デジタルコレクション（国立国会図書館）	36
6	日経テレコン（日本経済新聞デジタルメディア）	35
7	聞蔵II（朝日新聞社）	34
8	ウィキペディア（ウィキメディア財団）	29
9	国立国会図書館サーチ（国立国会図書館）	27
10	D1-Law.com（第一法規）	24
	総回答数181件802票（一人5点選出）	446

結果に対する私の簡単なコメントは次のとおりです。

今回は、前回（二〇〇八年、百十五件）よりも多くの方（百八十一件）から回答・コメントをいただきました。インターネット情報源、およびオンラインデータベースのサービスが充実しつつある状況のなかで、レファレンスに活用するツールも変わりつつあると予想されます。特に、国立国会図書館と国立情報学研究所のサービスの充実にともない、両機関へのアクセスは、レファレンスサービスの調査・回答でも増加しているものと考えられます。

今回の結果について、国立国会図書館の「レファレンス協同データベース」のなかの事例データベースを参考にしながらコメントします。

まず、参考図書ですが、上位十位はほとんど変わりませんでした（前回は推薦数十票までで、今回はデータベースも対象としたため一人五票となりました）。入れ替わったのは、前回十位だった『人物レファレンス事典』（日外アソシエーツ）が十位圏外となって、『現代用語の基礎知識』（自由国民社）が九位に入ったというだけで、あとの九点は、順位が変わっただけで同じ結果でした。一位は『国史大辞典』（吉川弘文館）で、変わりませんでした。

データベースのほうは、前回は対象としなかったので、比較はできません。順位について少し述べると、国立情報学研究所の二つ（「CiNii Articles」「CiNii Books」）が一位と二位を占めました。コメントを見ると、それぞれ圧倒的に大学図書館の方からのコメントが多い。ただ、「レファレンス協同データベース」のなかの、事例データベースでふれられている件数を見ると、それほど大きな差はありません（これは、「CiNii」を検索語にして検索しても同じで、レファレンスの調査には公共図書館もそれなりに活用しているようです）。ただ、さまざまな活用方法という点では、大学図書館のほうがより多く活用している、ということでしょう。「ジャパンナレッジ」が三位に入っています。大学図書館の方のコメントが多いのですが、事例データベースの件数では公共図書館三百七十六件、大学図書館百六件と、公共図書館のほうが多くなっています。コメントを読むと、大学図書館の方がさまざまな活用をしているようで、それだけコメントが多くなったのでしょう。全文が読めるいわば電子書籍として「東洋文庫」（平凡社）、「新編日本古典文学全集」（小学館）、「文庫クセジュ」（白水社）があります。また、「風俗画報」も全部提供されているのですが、これに言及がなかったのは監修者の一人としては残念です。「国立国会図書館デジタルコレクション」が五位に入っています。コメントを読むと、「近代デジタルライブラリー」も含んでいるようです（国立国会図書館のサービス一覧では、「デジタル資料」の項目に「国立国会図書館デジタルコレクション」と「近代デジタルライブラリー」が並んでいますが……。また、オンラインのサービスの活用では、システム全体の名称をとるのか、それに収録されているよく使う個々のデータベースの名称をとるのかについては、なかなか難しい問題です）。

寄せられたコメントですが、感想と、活用方法にふれたものとに大別できそうです。活用方法にふれたものは、今後の実務のなかでも参考になるでしょう。コメントの数の割合と、事例データベースの件数の割合とで異なる傾向を示しているものを見ておくと、『国史大辞典』は公共図書館の方のコメントが圧倒的に多かったのですが、事例データベースでの件数は大学図書館の方が若干多いという結果になりました。『日本大百科全書』（小学館）は、公共図書館の方のコメント数がかなり多いのですが、事例データベースでは大学図書館のほうが約倍の件数になっています。『広辞苑』（岩波書店）については、コメントは大学図書館のほうが多いのですが、事例データベースでは圧倒的に公共図書館のほうが多い（五百二件に対して三十一件）。ただし、同じ中型の国語辞典『大辞泉』（小学館）、『大辞林』（三省堂）についての事例データベースの件数を見ると、ともに倍近い差で大学図書館のほうが多いという結果になっています。この理由はわかりませんが、言葉の新しい意味を積極的に採用している『大辞林』、小型百科事典的な性格ももっている『大辞泉』という特徴が、大学図書館のレファレンス調査の内容に合っているのかもしれません。

なお、辞書・事典では、インターネットデータベースの「コトバンク」「Weblio」の得票はありませんでした。前者は各分野の百二十四点、後者は各分野の六百六十二点の辞書・事典を横断検索できて便利なものですが、あまり使われていないのかもしれません。なお、前者には日外アソシエーツの『20世紀日本人名事典』、後者には『外国人名読み方字典』『古典文学作品名辞典』なども収録されています。また、「ウィキペディア」が八位に入っています。コメントでは、アメリカのそれとの関連についてふれたコメントがなかったのは残念でした。同じ事項でアメリカにあるものを参照すると、一般的な日本の記述のレベルがわかるうえに、もっと多くの情報、また参照元の多くがきちんと明示されているという点で、レファレンスの質を高める意味でも閲覧してほしいものです。

図書館員が選んだレファレンスツール2015

1　参考図書ベスト10の票数とコメント数

順位	お薦め参考図書2015	票数	公共	大学	専門
1	国史大辞典（吉川弘文館）	57	44	12	1
2	角川日本地名大辞典（角川書店）	41	38	3	0
3	日本国語大辞典（小学館）	39	30	9	0
4	理科年表（丸善出版）	29	24	4	1
5	世界大百科事典（平凡社）	25	16	9	0
5	大漢和辞典（大修館書店）	25	20	5	0
7	日本大百科全書（小学館）	24	19	5	0
8	国書総目録（岩波書店）	21	8	13	0
9	現代用語の基礎知識（自由国民社）	15	9	6	0
9	広辞苑（岩波書店）	15	5	9	1
総回答数181件702票(一人5点選出)		291	213	75	3

注：参考図書のコメントを集計。すべてにわたって書かれているわけではないので、票数とはコメント数は一致しない。回答総数は、11位以下のものも含んでいるので、10位までの合計とは一致しない。これは、以下同じ。

2　参考図書ベスト10関係NDL事例データベース件数

順位	お薦め参考図書2015	総件数	国会	公共	大学	専門その他
1	国史大辞典（吉川弘文館）	1,647	81	770	779	17
2	角川日本地名大辞典（角川書店）	1,064	50	982	21	11
3	日本国語大辞典（小学館）	1,505	78	1,087	316	24
4	理科年表（丸善出版）	179	50	100	25	4
5	世界大百科事典（平凡社）	2,154	139	1,166	821	28
5	大漢和辞典（大修館書店）	558	79	428	46	5
7	日本大百科全書（小学館）	2,729	42	973	1,709	5

8	国書総目録（岩波書店）	1,185	104	608	467	6
9	現代用語の基礎知識（自由国民社）	266	9	206	34	17
9	広辞苑（岩波書店）	565	19	502	31	13

注：国立国会図書館「レファレンス協同データベース」のなかの事例データベースの検索エンジンの項目「すべて」に、タイトル名を入れて検索。回答に使ったケースも、参照したケースも、また質問に記載されているケースも、またこれ以外も事例に記載されている文字列をすべて含んでいる。以下同じ。

3　データベースベスト10の票数とコメント数

順位	お薦めデータベース2015	票数	公共	大学	専門
1	CiNii Articles（国立情報学研究所）	96	29	65	2
2	CiNii Books（国立情報学研究所）	59	14	44	1
3	ジャパンナレッジLib（ネットアドバンス）	58	18	39	1
4	NDL-OPAC（国立国会図書館）	48	29	17	2
5	国立国会図書館デジタルコレクション（国立国会図書館）	36	24	12	0
6	日経テレコン（日本経済新聞デジタルメディア）	35	15	20	0
7	聞蔵II（朝日新聞社）	34	20	14	0
8	ウィキペディア（ウィキメディア財団）	29	20	6	3
9	国立国会図書館サーチ（国立国会図書館）	27	18	9	0
10	D1-Law.com（第一法規）	24	16	8	0
総回答数181件802票（一人5点選出）		446	203	234	9

4　データベースベスト10の関係NDL事例データベース件数

順位	お薦めデータベース2015	総件数	国会	公共	大学	専門その他
1	CiNii Articles（国立情報学研究所）	783	276	215	288	4
2	CiNii Books（国立情報学研究所）	1,174	613	245	292	24
3	ジャパンナレッジLib（ネットアドバンス）	553	70	376	106	1
4	NDL-OPAC（国立国会図書館）	5,705	2,345	2,264	966	130
5	国立国会図書館デジタルコレクション（国立国会図書館）	519	281	177	38	23
6	日経テレコン（日本経済新聞デジタルメディア）	591	151	312	104	24
7	聞蔵II（朝日新聞社）	1,146	475	560	109	2
8	ウィキペディア（ウィキメディア財団）	539	21	388	113	17
9	国立国会図書館サーチ（国立国会図書館）	1,366	757	491	108	10
10	D1-Law.com（第一法規）	91	35	47	9	0

（出典：「図書館員が選んだレファレンスツール2015第17回図書館総合展　日外アソシエーツ主催フォーラム（大串夏身先生）企画」〔http://www.nichigai.co.jp/cgi-bin/ref2015_result.cgi〕［2017年4月3日閲覧］）

5 「コトバンク」「Weblio」収録辞書・事典分野別点数一覧

コトバンク	
辞書・百科事典	9
現代用語	3
人名	10
ビジネス	20
デジタル	5
生活	32
趣味	27
社会・職業	14
学問	4
計	124

Weblio	
ビジネス	47
業界用語	29
コンピューター	32
電車	40
自転車・バイク	41
船	26
工学	47
建築・不動産	23
学問	51
文化	47
生活	19
ヘルスケア	44
趣味	26
スポーツ	14
生物	35
食品	20
人名	24
方言	23
辞書・百科事典	74
計	662

注：分野は、それぞれの収録辞書一覧の記載に従った。記載のページは以下のとおり。
「コトバンク」（http://kotobank.jp/dictionary/）［2015年11月3日閲覧］
「Weblio」（www.weblio.jp/info/dict_list.jsp）［2015年11月3日閲覧］

10　地方創生レファレンス大賞の開始

二〇一五年から「地方創生レファレンス大賞」の表彰がおこなわれるようになりました。レファレンスサービスが地域の活性化や課題解決に結び付いた事例のうち、優れたものを表彰するための制度で、審査実務は、地方創生レファレンス大賞実行委員会（委員長・糸賀雅児）が担っています。審査会の委員長は私（大串）が務めました。

図書館のレファレンスサービスがどのようなものか、地域住民にはほとんど知られていないし、日本の国民全体のなかでもその実態を理解している人は少ないでしょう。そこで広く、レファレンスサービスの意義と効果について認識を新たにしてもらうことを目的に、地方創生、地方の活性化、まちづくりなどに関わったものを対象に「地域創生レファレンス大賞」を選ぶことになりました。また図書館側にとっても、この大賞によってレファレンスサービスの活性化とサービスの拡大、質の向上につながり、これからの図書館界に大いに寄与することが期待されています。特に、応募事例のなかから優秀事例として最終審査会で概要発表がおこなわれたもののうち、二〇一五年と一六年を合わせた六事例のうち半数はサービスを受けた利用者が発表しました。これは同種の賞でも例を見ない画期的なことといえます。

図書館担当者とは異なる視点で、地域のなかでの図書館員の活動やその効果などが図書館外から語られるのは、図書館サービスへの住民の理解を高めるうえでも、大いに効果があるでしょう。

今後、さらに多くの事例が寄せられることが期待され、事例内容も「地方創生」だけでなく、まちづくり、地域づくりという広い視野でとらえてほしいと思います。その事例によって、レファレンスが地域とつながっていることを示すだけでも意義があります。

もう二十数年前のことになりますが、福島で開かれた研修会で、ある東北の図書館から次のような報告がありました。図書館を開館してレファレンスサービスのカウンターを設けて待ち構えていたのだが、質問・相談に来る利用者がいない。それでもあるときおばあさんが来て、こういう歌の歌詞がわかるか?と、カウンターの前で歌を歌ったのです。たまたまその歌を知っていた担当者が歌詞集を取り出してきて教えたところ、翌日から、歌詞を知りたいという高齢者が次々とやってきて、カウンターの前で歌うようになったそうです。それは最初に聞きにきたおばあさんが図書館員が親切に教えてくれたことに感激して、地域に戻って話をしたらしいのです。それを聞いた高齢者が、自分も以前から知りたいと思っていた歌がある、ということで、入れ替わり立ち替わり聞きにくるようになったのでした。そして、図書館員としての期待を込めて、このレファレンスサービスが高齢者たちの歌のサークルづくりに発展して、公民館などを利用してサークル活動をおこない、地域で発表会を開くまでになったら……、としめくくるのです。このエピソードはまさに図書館のレファレンスサービスが地域の活性化につながったことを示していると思います。これを、高齢者たちの活動の紹介も含めて、事例として応募してくれたらうれしいのですが……。

地域との関係を見直し、図書館のレファレンスサービスの意義を考える契機となった事例があれば応募してほしいと思いますし、できればその応募内容に、図書館のレファレンスサービスを活用した住民の生の声を、東北の図書館の例なら老人たちの声も入れてもらうとさらにいいと思います。大切なのは、まさにそれなのです。

なお、受賞事例は次のようになっています。

＊二〇一五年

・文部科学大臣賞：中心市街地活性化に繋がる図書館活用――マチナカの人・歴史・再発見！
応募者：鳥取市中心市街地活性化協議会・タウンマネージャー　成清仁士さん
レファレンスサービスを受けた図書館名：鳥取県立図書館

・公益財団法人図書館振興財団賞：遠隔画像診断事業立ち上げ時の課題解決
応募者：株式会社ワイズ・リーディング　中山善晴さん
レファレンスサービスを受けた図書館名：熊本県立図書館

・審査会特別賞：創業三百年の老舗をひご野菜でブランド化
応募者：くまもと森都心プラザ図書館　河瀬裕子さん
レファレンスサービスを利用した人：創業三百年以上の肥後生麩・細工豆腐製造卸販売の老舗・麩屋氏助さんが、同館の同フロアにあるビジネス支援センターに相談。ビジネス支援センターから図書館へ問い合わせがあったもの。

＊二〇一六年
・文部科学大臣賞：中山間地域の産業を応援！――岡山県小田郡矢掛町干柿の里の活性化　岡山県立図書館
・公益財団法人図書館振興財団賞：ひまわりオイルが地域を潤す！（二〇一六年）鳥取県立図書館／利用者（個人）
・審査会特別賞：横浜港北昔ばなし紙芝居の創作・上演・ライブラリー活動支援 de 地域の元気づくりと地域文化の継承　横浜市港北図書館／港北区役所地域振興課

補：地方創生レファレンス大賞開催の趣旨

開催趣旨

図書館の重要なサービスの一つとされ、多くの図書館司書が自らの専門性の中核を成すとも考えるレファレンスサービスは、図書館関係者が強調するほどには地域住民に理解されていません。折しも、国を挙げて「地方創生」が推進され、各地で地域活性化や地域課題解決の試みが主体的・自律的に展開されている中、図書館が既にレファレンス機能を通じて、地域の課題解決に取り組んできた実績を示すとともに、「地方創生」に向けたレファレンス機能の更なる充実と高度化・可視化を図ることが必要です。

そこで、本事業を通じて、地域住民の方々や各種の活動に携わるＮＰＯ関係者、地方公共団体職員等に対し、図書館を活用し「調べる・探す」ことをより身近に感じてもらい、「調べる学び」が児童・生徒だけのものでなく生涯にわたり広く国民に必要であることや、図書館が人々による主体的・自律的な課題解決を支援する機関であることを理解していただき、「調査文化」を我が国に根づかせるきっかけとしたいと考えます。

（出典：「図書館総合展――教育・学術情報オープンサミット」〔https://www.libraryfair.jp/news/3454〕［二〇一七年五月三日閲覧］）

11　世界的に見る図書館の新たな取り組み

世界的に見ると、図書館の取り組みは、一九九〇年代から大きく変わりました。変化をもたらした要因の一つは情報化です。コンピューターネットワークを中心とした情報化に対応していくことが図書館に求められたのです。二つ目は読書の振興です。これは心理学的・医学的な新たな治験をもとに、ゼロ歳児に対する読み聞かせから始まり発達段階に合わせた読書の推進が図られるようになりました。背景には、情報化が進み、より簡単に情報が手に入るようになり、知的な社会が到来する、そこで活躍する人を育てるために本を読むことの重要性が再確認されるようになったことがあげられます。さらに三つ目としては、知的な創造の場としての図書館の提唱です。静かに本を読むだけではなくて、本を仲立ちとして、また知識や情報を仲立ちとして人と人が語り合いながら、そこに新しいものを生み出していく場に図書館がなろうという試みです。

アメリカでは、従来から住民が図書館をよく利用していて、さらに、図書館の設置は地域経済への直接的な波及効果を生み、地域社会の質的向上に寄与するといわれてきました。さらに最近の調査では、図書館が地域コミュニティーの核になることが期待されているようです。

国際図書館連盟（ＩＦＬＡ）は、世界的な情報化のなかで、二〇〇〇年代に入って各種サービスのガイドラインなどの改訂をおこなっています。それらは、各国の新しい図書館の取り組みに基づいたもので、ガイドラインの多くは本文中に事例を紹介しています。例えば、一〇年の「ＩＦＬＡ公共図書館サービスガイドライン」（第二版）では、「１－３　公共図書館の諸目的」の項目を見ると、次のような取り組みを紹介しています。

・オーストラリアのクイーンズランド州では、ゴールドコースト市議会が運営する移動図書館は、地理的に孤立している小学校を訪れ、サービス対象としている。
・ノルウェーの図書館は、さまざまな年齢水準の教育に適合したインターネット上の情報資源にリンクを張り、索引機能を付した優れた品質のウェブサイトを構築した。
・アメリカ・ニューヨークのクイーンズバラ公共図書館やデンマークのコペンハーゲン公共図書館のような大都市の図書館では、館内に特別に設計された学習センターを設置し、利用者に提供している。これらのセンターには、教育資料やコンピュータの利用のしかたを教える職員が配置されている。

・オーストラリアのクイーンズランド州では、公共図書館は、小学校高学年の児童と中学生に対して、図書館に組織された宿題支援クラブを通じて、宿題解決にかかわる情報資源の提供とそのための援助を行っている。また、インターネット上の宿題支援サービスも利用することができる。

（出典：クリスティー・クーンツ／バーバラ・グビン編『IFLA公共図書館サービスガイドライン――理想の公共図書館サービスのために』第二版、〔山本順一監訳、竹内ひとみほか訳〕、日本図書館協会、二〇一六年、二二ページ）

IFLAの二〇〇〇年以降に改訂、発表されたガイドラインなどを示せば、次のとおりになります（すべてのタイトルに「IFLA」という文字が入っていますが、省略します）。

二〇〇三年：「児童図書館サービスの指針、乳幼児への図書館サービスガイドライン」（この年に改訂か）、「聴覚障害者に対する図書館サービスのための指針」
二〇〇七年：「認知症の人のための図書館サービスガイドライン」
二〇〇八年：「ヤングアダルトへの図書館サービスガイドライン」
二〇〇九年：「多文化コミュニティ――図書館サービスのためのガイドライン」
二〇一〇年：「公共図書館サービスガイドライン」（第二版）、「読みやすい図書のための指針」
二〇一二年：「図書館員とほかの情報専門職のための倫理綱領」
二〇一五年：「学校図書館ガイドライン」

なお、アメリカ図書館協会（ＡＬＡ）は、二〇一三年（あるいは二〇一四年）に「暮らしは図書館で豊かになる――図書館権利宣言」を発表しています。サイトに日本語の翻訳があるので、紹介しておきます。これからの日本の図書館のあり方を考えるうえでも、大いに参考になるものです。

「暮らしは図書館で豊かになる――図書館権利宣言」

「暮らしは図書館で豊かになる」―図書館権利宣言―全米図書館協会ＡＬＡ　2013-14

全米図書館協会は、アメリカ独立宣言と世界人権宣言の精神に則り、図書館は民主主義社会の礎石であると考えます。アメリカだけでなく世界の数多くのコミュニティには毎日、何百万もの子ども、学生、そして大人が図書館で学び、そこで得る経験を通して夢を実現しています。図書館の利用者は図書館の持つたくさんの書籍やコンピューター、その他の情報源だけでなく、図書館司書やその他の図書館スタッフの知識とガイダンスから新しい地平を切り開くことができます。我々は、公共図書館、学校図書館、大学図書館、および専門図書館を含む良質な図書館を利用する我々の権利をここに宣言します。そして、皆さんには、この「図書館権利宣言」への賛同と協力を表明する署名をお願いしたいと考えます。

1、個の自己実現を応援する図書館

学校の成績を上げるためであれ、職探しの真っ只中であれ、自分にぴったりのキャリアを探していのであれ、新しい命をむかえる準備をしているのであれ、老後の人生設計を考えているのであれ、利用者は年齢に関係なく、自らの暮らしをより豊かにするためにコンピューターやその他の情報源へのアクセスを求め、図書館に足を運びます。

2、識字教育と生涯学習を支援する図書館

子どもから大人まで数多くの人が、学校図書館や公共図書館で読み聞かせ、夏休みの自由研究や読書感想文、テュータリングやその他の機会を通して「読み書き」を学びます。それだけでなく、図書館には疑問を持った人、新しく持った興味を掘り下げたい人、アイディアを共有したい人など、さまざまな人が実践的なノウハウを求めて訪れます。

3、家族の絆を深める図書館

図書館は、その居心地のよいアットホームな空間と豊富な情報源を通して、家族ぐるみで学び、成長し、そして遊ぶ場を市民に提供します。

4、機会の平等を保障する図書館

図書館は利用者の年齢、学歴、収入のレベル、人種、身体的な障害などに関《ママ》わらず平等にサービスを提供する機関です。経済的な理由などで図書館が唯一の情報源だという人も少なからずいます。そして、多くの場合、これらの情報源は市民が生活する上で、学ぶ上で、仕事する上で、また政治に参加する上で必要不可欠なものとなっています。

5、地域を創る図書館

図書館は、面と向かってあるいはオンラインで、その地域の住人同士のコミュニケーションを促進することで、利用者がお互いから学び合い、お互いを助け合う場を提供しています。図書館はお年寄り、移民、その他の特別のニーズを抱える人々を支援します。

6、知る権利を守る図書館

我々に与えられている読む権利、情報を得る権利、そして言論の自由は始めからあるものではないということを認識しなければなりません。図書館と図書館司書は、アメリカ合衆国憲法修正第一条で保障されているこういった最も基本的な権利や自由を積極的に守る役割を担っています。

7、国の礎を築く図書館

国の安定した経済や良質なガバナンスは情報にきちんとアクセスできる市民の上に成り立っています。学校図書館、公共図書館、大学図書館および専門図書館はこの基本的な権利を保障する大事な機関です。

8、最先端の研究や学術活動を支援する図書館

知は知から生まれます。学校の宿題をやっているのであっても、癌に効く特効薬を開発しているのであっても、大学を卒業しようとしているのであっても、効率のいいエネルギー源を開発しているのであっても、研究者は年齢に関係なく図書館と図書館司書が提供する知とノウハウを必要としています。

9、人と人との相互理解を手助けする図書館

図書館にはさまざまな経験や視野を持った人が集まり、共通の課題について議論を交わしま

す。図書館は、利用者がそれぞれの間に存在する差異を認識することで生まれる相互理解を促進するため、さまざまなプログラムやコレクション、ミーティングスペースなどを提供しています。

10、文化資産の保全に貢献する図書館

過去は未来の礎です。図書館は過去、現在、そして未来をより深く理解するために必要な歴史的な文書の原本を収集、デジタル化、そして保存します。

（出典：「アメリカ図書館協会」〔http://www.ala.org/advocacy/sites/ala.org.advocacy/files/content/Declaration %20for%20the%20Right%20to%20Libraries_Japanese.pdf〕［二〇一七年五月二十七日閲覧］）

第2部　これからの図書館のサービスを考える

第1章　図書館サービスの基礎について考える

図書館とは、〈人間が創造してきた図書などを収集・保存して伝えるとともに、その活用を図って創造的な社会づくりに貢献・寄与する〉施設です。

図書館は長い歴史をもち、それは知的な創造に関わってきた歴史でもあります。紀元前三世紀に出現したアレキサンドリアの図書館が、知的創造との関係を具体的に示したといわれています。アレキサンドリアの図書館が活用されたことで、さまざまな新しい知見が生み出され、新しい技術が開発されました。

まず、こうした図書館サービスの基礎について考えてみます。

図書館での知的な創造を実現するためには、すべての人が知りたいと思ったことを「知る」ことができるようにすることが必要です。

人々が知識などを共有することが社会の進歩につながるという考え方から、近代社会が形作られてきました。

フランスの啓蒙主義者ドゥニ・ディドロやジャン・ル・ロン・ダランベールは、『百科全書』を編纂して刊行します。この書物には、みんなが知ることが社会の進歩につながるという思いが込められていました。例えば、『百科全書』には図版集が十数巻入っていますが、これはものの製造過程などを誰もがわかるように解説したものです。そのため、製造に関わってきた職人たちから激しい反発を招きます。いままで自分たちだけが知り維持してきた技術を誰でも知ることができるようになってしまったからです。これによって伝統的なものづくりに新規参入が続きましたし、オスマントルコはこの図版集を参照して新型の大砲を開発したといわれています。「知る」ことを共有するのは、近代社会の思想的な〈原理〉ともいえます。

最初に既存の図書館が公開されたのもフランスでした。フランスの啓蒙主義が盛んになった時期に、パリでは図書館が次々と公開されるようになります。

ここでは先に述べた「図書館とは」に関して、特に二つの点についてふれておきます。

1　「図書などを収集し、保存して、伝える」について

図書館のような公的な施設が、本などを「保存して、伝える」ことに日本人はあまり関心をはらってこなかったように感じます。特に、「保存して」ということに関して見れば、かつては保存して伝える文書を、家ごとにもっていたと思われます。古い家を取り壊したりすると、そうした文書

がたくさん出てくることが多く、それらの大半は廃棄されますが、一部は古物商の手に渡って売りに出されるなどします。さらに、高価なものがあれば買い取られて、博物館や図書館に収蔵されますが、全体から見るとほんのわずかです。

日本で近代的な図書館が登場するのは一九〇〇年代（明治三十年代）です。図書館では新しく出版された本を収集して活用することに力点が置かれ、本を保存して後世に伝えるにしても、それぞれの図書館の収蔵量には限界があるため、保存年限を基本的には十年、二十年、三十年、長くても五十年と定め、そのうち一部は永久保存する方法で対応してきました。収集したものすべてを永久に保存するのは、日本ではごく一部の図書館となっています。その代表格が国立国会図書館でしょう。

いずれにしても、保存して伝えることをどのように具体化するかは、それぞれの図書館が置かれた条件によって異なります。もちろん限られた条件のなかでも伝えるのは重要なことです。過去に学ぶだけでなく、新しい知は、思わぬ出合いから生まれることもあるからです。人が生み出してきた知識は、いつどのような形で役立つかわかりません。例えば、ヨーロッパではギリシャやローマの文献に学んだことで後期ルネッサンスが花開いたのです。

しかし、日本では、保存して伝えることにあまり関心がもたれなかったこともあって、近代以降に限定しても、残念ながら出版物がすべて図書館に保存されてはいない状態にあります。そこでもう一度原点に戻って、図書館が社会のなかで機能を果たすために、まずはすべての出版物を収集し保存するようになってほしいと思います。

2 「活用する」について

次に、「活用する」についてです。活用するためにも、活用したいと思うことに関連した事柄などについて「知る」ことが必要です。

現代社会でも、図書館を利用すれば誰でも「知る」ことができることを、本と情報を通して保証するのは当然といえます。ところが、この社会的な原理と、当然のことが忘れ去られているのが問題なのです。図書館が、この「知る」ことを保証する社会的な役割をもっていることは、日本では図書館の権利宣言、図書館の自由として世に知られています。が、これはあくまで理念的なレベルの話であって、すべての地域住民に実際に保証されているかは怪しいものです。日本の公共図書館界はこの点について怠慢だったというべきでしょう。

ところで、地域住民が何かを「知りたい」と思ったとき、それをどの程度まで知りたいかについて分類すると——。

①とりあえず概要などをすぐに知りたい。
②関連する数冊の本やいくつかのインターネットのページを知りたい（手にしたい）。
③関連する本やインターネットのページをある程度網羅的に知りたい（手にしたい）。

④関連する文献や知識・情報を、インターネットのページも含めて網羅的に知りたい（手にしたい）。

以上の四つのレベルが想定されます。ここでは「本」「知識・情報」に限定しましたが、実際に③④では、印刷物、デジタルで記録されたすべてということになります。

このような地域住民の要望に、図書館はどう応えられるのでしょうか。

①は紙媒体の辞書・事典はもちろん、インターネット上の辞書・事典、商用オンラインデータベースで提供される辞書・事典の関連する項目を利用者に示すことになります。

②は、ＯＰＡＣを検索して、所蔵している本があれば本棚に案内したり、関係するインターネット上のページを紹介することになるでしょう。

③④は、国立国会図書館や都道府県立図書館のＯＰＡＣで検索して照会し、蔵書しているもの、ほかの図書館から借りて手にすることができるものなどを紹介します。さらに、最新刊の本を含めて出版情報を検索すれば、所蔵していない新しい本を紹介することもできるでしょう。ネット上に公開されている論文や報告書、雑誌などもあわせて紹介することになります。

ここで重要なのは、インターネットがなかった時代と大きく変わった点です。調べる道具が紙だった時代には、図書館の所蔵についてもカードと冊子で調べるしかなかったので、④のサービスを提供するためには、とてつもない労力を要しました。しかし、いまはコンピューターで迅速に検索し、関連する本をリストアップすることができるようになりました。

コンピューターの威力は、④ではさらに発揮されます。本だけでなく、雑誌記事や新聞記事、各種レポートなども簡単に検索できますし、国内だけでなく、世界の文献が検索できるようになりました。その一部はオープンアクセスの資料として全文読むことができるようになりました。もちろんそこで検索できたものがすべてではありませんし、商用オンラインデータベースで提供されるデータベースは、契約・導入していなければ検索できません。それでも、紙だけの時代には考えられないほど多くの文献が検索できるようになり、インターネット上の各種情報も、検索して紹介できるようになりました。

現代では、インターネット上のデータベースを検索すれば、かなりの精度の関連資料リストを速やかに作ることができます。この点では、夢のような時代が到来しているといえるでしょう。

しかし、それは図書館の、ある種の怠慢さをあぶり出すことにもなりました。単一図書館の資料は限られたものなので、③④では、ほかの図書館から借りることになります。しかも、利用する人のことを考えた場合、できるだけ早く借りることが必要です。国立国会図書館からは数日のうちに借りるようにすべきですし、県内の資料も同様です。例えば鳥取県のように工夫し、知恵を出して、翌日か翌々日には届くようにすべきでしょう。

普通の市町村立図書館の収集点数は多くても年間二、三万点ですから、国立国会図書館が納本制度で収集している十七万から十八万という点数とは比べものになりません。それらも合わせて紹介することになるので、それらを読みたい、借りたい人にとってみれば、いままでのように時間がかかっていては話になりません。

インターネットがなかった時代には、わからないことが許される状況がありました。しかしいまや誰もが容易に検索でき、所蔵がわかるようになったのですから、すぐに利用者が借りることができるように、市町村立図書館は都道府県立図書館や国立国会図書館に要求して、そうした態勢を実現すべきでしょう。都道府県立図書館は域内の図書館の相互貸借について翌日、かかっても二、三日で配送するシステムを整えるべきですし、国立国会図書館は貸出センターを設置して、できるだけ副本を収集し、迅速に貸出・配送するようにしてほしいものです。図書館界は要望を出すべきでしょう。

「知る」ということがあまねく実現してこそ、図書館は知的創造の場としての力を発揮できるようになります。

本と知識・情報の活用はあらゆる分野、あらゆる範囲に及びます。図書館は、あらゆる資料、知識・情報を活用してもらえるように住民にはたらきかけるべきです。本棚に請求記号順に並べておくだけでは、本の中身について気がついてもらえない。雑記記事や新聞記事、ましてやオンラインデータベースともなれば、まったく気づかれないことになります。ほとんど使われない商用オンラインデータベースでは、せっかく確保した検索料が、利用がないために毎年減額されることになります。

住民の生活や仕事、地域の課題などを図書館員が学んで、積極的に住民に活用してもらえるようにアピールすべきです。さらに活用方法や検索・探索方法について案内したり、ビデオクリップなども作成して提供すべきでしょう。調べ方などの講座を積極的に開くべきでしょう。本と知識・情報を、住民と結び付ける試みに積極的に取り組むことが必要です。

第2章　図書館で「調べる」を考える

1　図書館で「調べる」と本と人を結び付けることとの関係

図書館で調べることと、本と人を結び付けることとの関係を考えてみましょう。

これまで、図書館の二つの重要なサービスとされてきたのは、貸出サービスに代表される資料提供サービスとレファレンスサービスでした。しかし、現実には貸出サービスばかりが目立ち、レファレンスサービスは低調なまま推移してきました。貸出サービスを重視する人々も、レファレンスサービスは重要だと述べてきましたが、なぜ重要なのか、それを実現するにはどのような方策があるのかについては、図書館司書の養成課程の教科書に書いてある内容の域を出ず、現実の利用者と図書館との関係のなかから生み出されるような実践的なものではありませんでした。

レファレンスサービスは、「こういうサービスも図書館はやっていますから、利用してくださいね」と住民や来館した利用者に言っているだけでは、そのニーズは生まれません。また、最近提唱されている地域の課題支援サービスやビジネス支援サービス、行政情報提供サービスについても同じことがいえます。新聞やテレビなどに取り上げられることで、住民の関心を引いて、実りあるサービスを実現している図書館もありますが、これも全体から見れば少数にとどまっています。

地域の図書館にさまざまな質問が寄せられ、それに図書館が取り組むようになってこそ、レファレンスサービスがおこなわれている状態だといえます。そのために、図書館と図書館員はどのように考えて取り組めばいいのか。

図書館の利用は、住民自らの意思に基づいておこなわれます。貸出サービスを見るとそれがよくわかります。誰かに命じられて本を借りに図書館に来るわけではありません。なかには誰かに頼まれてという人もいるでしょうが、これも本を読みたいと思う人が背後にいます。

レファレンスサービスも同様で、図書館で調べてみたけれど、わからないことがあったので図書館員に聞いてみようか、と思ったときにニーズが発生するわけです。これも自らの意思で行動したものです。

貸出サービスに向かう住民には、①読みたいと思う本がある→②図書館に行けばあるかもしれない→③図書館に行ってみよう、という三つの思いがあります。

重要なのは、②のように「図書館」が頭に浮かぶかどうかです。そうなるための現実的な問題としては、④図書館が歩いていける距離にある、という条件が求められます。あるいは自動車で行ける距離なら、という人もいるでしょうが、いずれにしても手軽に行ける場所に図書館がなければいけないということです。

レファレンスの質問・回答サービスについてはどうでしょうか。

①調べたいと思うことがある→②図書館に聞いてみよう→③とりあえず電話してみよう、あるいは行ってみよう、ということが思い浮かぶでしょうか。

もちろん重要なのは②です。聞いてみようと思ったときに図書館が思い浮かぶか、すぐに図書館に出かけるかどうかです。そのために、図書館はいつでも質問・回答サービスをしています、と住民にアピールしておかなくてはいけません。

どこの図書館でもレファレンスサービスの案内はしていますが、一部の自治体の地域図書館のように積極的にアピールしているところは少なく、なかには、質問がカウンターに寄せられても、そうしたサービスはやっていませんと答えてしまう図書館もあるようです。小さな図書館で調べる資料がない、図書館員は臨時か期限付きの採用で、司書の資格ももっていないから専門的なサービスを提供できる人がいない、などがその理由のようです。これは大変残念なことです。

図書館は、読書のための本を貸し出すだけでなく、「知りたい」ことを調べる場所でもあるのです。現代では調べるツールとしてインターネット情報源が加わりました。これらを組み合わせることで、ある程度の質問には答えを得られる条件が整っています。こうした状況を配慮せずに、旧態依然として質問には回答しない、あるいは職員を採用するときも、レファレンスの能力は期待しないのは、大変失礼な話だと私は思います。本があって誰でもインターネット情報源にアクセスできる環境にあれば、必要なときには検索して「調べる」でしょう。そうした環境を整備していながら、

「調べる」サービスをする施設であるべき図書館で働く人に対して、あなたには能力がないのでレファレンスサービスはやらなくていい、ときには、やってはいけないというのは、失礼以外のなにものでもありません。実際、意欲を失った人が図書館で働いているところを見たことがあります。

本を本棚に戻す作業をしている人が利用者を避けるそぶりをしているのも、よく見受けられます。声をかけてもらいたくないのです。これは、カウンター業務を外部に委託している図書館にときたま見られる光景です。カウンター業務を委託した図書館側が、利用者からの相談は正規の職員が受けるので、委託職員は答えてはならないと指示しているのです。そのため、自分がわかることでも答えません。質問されると、レファレンスサービスカウンターの場所を伝えます。「○○に関する本はどこにありますか?」という質問にも、同じように対応しています。これでは人として働く意欲がなくなるのではないでしょうか。

図書館員なら誰しもが経験することですが、本を本棚の所定の位置に戻す仕事は、本を覚えるいい機会なのです。また、どんな本が利用されているか、借りられているかも知ることができます。私もそうした体験を通して覚えましたし、図書館員の知識としてその体験が蓄積されていきます。

さらに、本棚に本を戻す作業をしているときに声をかけられることが多いのです。こうした場面ではいろいろなことを聞かれます。これは商品がたくさん並んでいる商店に行ったときと同じです。商品を見ているといろいろなことを思うものです。近くに店員がいれば合図をして知りたいことを尋ねるでしょう。同じように、人は本棚を前にしているといろいろなことを考えます。図書館員が近くにいれば、聞いてみたくなるのは自然な行動です。ですから、杓子定規に何でもかんでもレフアレンスサービスカウンターを案内するのではなくて、ある程度のことは答えて、わからなければレファレンスサービスカウンターへというのが正しい図書館のあり方でしょう。

こうした行動のためには、例えば、大型量販店の店員が持っているようなマニュアルを作って渡しておけばいいのです。言葉と分類番号が対照に記されていて、言葉から本棚がわかる、というものでいいのです。私も都立図書館の参考課、つまりレファレンスサービスの担当として配属されたときに同様のマニュアルを渡されました。表紙がオレンジ色なのでオレンジブックと呼んでいました。こうしたものを作ればいいのではないでしょうか。

もちろん、図書館に聞いてみようと思ってもらえることが前提条件になります。いくら図書館が宣伝、アピールしていても、住民が聞いてみようと思わなければ意味がありません。野球でいうところの空振り三振です。

実際、三振している図書館が多いのも事実です。私も講演に行く先々で図書館を見せてもらいますが、これでは三振だなと感じる図書館が少なくありません。なぜなら、住民の利用者が図書館に来て調べてみようと思ったときに、スムーズに調べられるよう、図書館の空間、機器、本棚の構成などがうまく整備されていないからです。調べるための要素がバラバラであるうえ、わかりにくい場所にあったりするのです。

2　本を読む、物語を読むに潜む「調べる」

住民が自分で「調べる」

「調べる」ということは、先に述べたように、住民自身が自らの意思で調べることを意味します。図書館と図書館員は、それをサポートする、援助する、ときには一緒に調べることになりますが、まずはサポートする視点でサービスを見直す必要があります。

サポートとしての第一は、図書館に来館した利用者が、調べることを意識せずに、自然に調べられるようになっていること、つまり調べる環境の整備です。この調べる環境について考える前に、本を読む、それも物語を読むことと、調べることの関係について考えてみましょう。

現在の利用者の多くは、調べることが目的ではなく、本を読みたいと思って図書館を利用しています。しかし、物語を読む人だから調べることとは関係がない、というのはおかしな話です。物語を読むことにも調べる要素は潜んでいるのです。

本を読むことの出発にある楽しみから

本を読むことの出発点には、本を読む楽しみがなくてはなりません。本を読む楽しみを覚えた人は、本を読み続ける人になる割合が高いといわれています。そして、この楽しみを与えてくれる本には小説などの物語が多いので、物語を読み続ける人が多いわけです。図書館でも物語系の本が多く借りられています。

では、なぜ人は本を読むのでしょうか。本を読むこと（読んでもらうこと）から出発して、人は、①言葉を覚える、②物語や話の展開を楽しむ、③実生活では経験できないようなことを精神的に知る、④知識を得る、⑤物事を創り出すヒントやアイデアを得る、⑥機器の使い方などを学ぶ、などを経験します。

これ以外にも、自分が成長した過程で、どのようなことがあるのか思い浮かべて書き出してみれば、たくさんのことがあげられるでしょう。

さらに、⑦物語を読んでいたらわからない言葉が出てきたので、本で調べた、⑧同じ著者がほかにどのような本を書いているかを知りたくて、本で調べた、⑨テーマが同じ本があるのか、本で調べた、⑩物語の背景について知りたくなったので、それに関連する本を読んでみた、などさまざまな理由で調べることに発展していきます。

本を借りて読み始め、そのまま読んでいくと、いろいろと知りたいことが出てくるでしょう。普通は、読み飛ばして、わからなくてもいいやとページをめくります。しかしどうしても調べておきたいこともあるでしょう。このときどうするか。手元の辞書・事典で調べる、ネットで調べる、友人に聞く……。さまざまな欲求が生まれてきます。

調べると、物語への理解がより深まります。そうすれば物語をより深く楽しむことができるでしょう。

例えば、フランシス・ホジソン・バーネットが書いた『秘密の花園』（翻訳は新潮社などが出版しています）という本がありますが、読んでいるとわからないことが次々と出てきます。舞台となったイギリスのヒース地方とはどんなところなのか、物語のなかにも書いてありますが、もっと知りたい、写真などで具体的なイメージをつかみたいと思う人もいます。花園ですから、花、植物も多く出てきます。図鑑などで調べると、花の色や形を具体的に確認できます。また、なぜ主人公の両親はイギリスからインドに行ったのか、インドに行ったイギリス人はたくさんいたのか、など背景についての疑問も湧いてくるでしょう。さらに、マーサの家の収入と雇い主である屋敷の主人の収入との差なども気になります。これを調べたいと思ったら、トマ・ピケティの『21世紀の資本』（山形浩生／守岡桜／森本正史訳、みすず書房、二〇一四年）に、ジェーン・オースティンやバルザックなどの作品の登場人物の経済状態について書かれていますし、当時の社会について解説した辞書や図鑑などでも知ることができるでしょう。経済格差はいつの時代にもありますが、当時のイギリスは現在よりもずっと格差が大きかったことがわかります。

このように考えると、物語を読むことで調べたいという意欲が生まれるといえます。

もう一つ、例をあげてみましょう。小説のなかには、多くの注がついたものがあります。田中康夫の小説『なんとなく、クリスタル』（河出書房新社、一九八一年）や、松本侑子訳の『赤毛のアン』（L・M・モンゴメリ原作、集英社、一九九三年。のちに注を大幅に充実させて二〇〇〇年に集英社文庫になっている）などにはたくさんの注が入っています。松本侑子が翻訳する際、原書では地の文や会話の部分にも「，」マークで括られた語句や文があることに疑問をもって調べたところ、それらがウィリアム・シェークスピアなど歴史的な名作からの引用であることを突き止めて、調べた成果を注として付したものです。田中康夫の小説では、たぶんわからない人が多いことを想定して注として解説したものと思われます。いま読んでみますと、当時の事情がよくわかります。しかし、こうした小説はほとんどありません。

ですから、図書館員は自分で読みながら辞書・事典などを調べて、利用者からの質問にもすぐに答えられるようにする、という読み方をする必要があります。図書館員には、専門職としての本の読み方があるわけです。もちろん、図書館員は記憶ではなく辞書・事典など印刷物など根拠があるもので答えなくてはなりません。

さて、ここまで、物語を読むことのなかに「調べる」ことへと向かう可能性があることを見てきました。しかし、この可能性を誰もが顕在化させるわけではありません。調べたい、知りたいと思っても、そのままにする人のほうが圧倒的に多いかもしれません。

仕事に関連した本を読むときは、正確に理解する必要があるため、わからない言葉などがあればすぐに調べるでしょう。読むことが、「調べる」に直結しているといえます。さらに調べるために読むことになれば、一層密接な関係になります。

児童・生徒の読書と「調べる」

ここで、児童・生徒の読書について見ておきましょう。

前述したように、本を「読む」という行為を概念的にまとめると、①物語を楽しむ読書、②知識を得るための読書、③調べることをすすめるための読書、④精神的・社会的な経験を広げるための読書、となります。

児童・生徒の読書についてはは日本では①が中心で、②から④についての取り組みもおこなわれてはいるものの広がりは見せていません。新しい学習指導要領に基づく教科書では、②については記述があります。しかし、③④はまだ取り組みが始まっていない状態です。

今後は、②から④について積極的に取り組む必要があります（これについては、第4章でも「読書の重要性について」としてふれます）。②から④はそれぞれに、①の物語を楽しむ読書よりも、「調べる」ことと密接な関係をもっています。こうしたことも視野に入れて、学校教育で「調べる」ことをすすめるとともに、公共図書館でも、読書のすすめの講座などで、読むことが「調べる」に結び付いていることを意識させるようにはたらきかけたいものです。

ともあれ、これまで物語を読むことが「調べる」に結び付く可能性があることを述べてきました。次に、本を読む、あるいは読むために本を借りることについて考えてみます。そのために、利用者の行動から見ていきましょう。

3　図書館に来て本を探すところから

利用者が図書館に来て、本を探すシーンに対応するサービスを考えてみます。利用者が本を探しに来館したときの気持ちは、大きく次の三つに分けられるでしょう。

①特定の本を読みたい。

②特定のテーマの本にどんな本があるか探したい。

③何か面白い本がないか。あれば読みたい。

特定の本を探す

「特定の本」を探す場合、利用者は「書名などがわかっている」と思っている状態にあります。この思っているがくせものです。利用者が正確な書名だと思っていたものが実は間違っていた、書名や著者名の一部、あるいは全部間違えていたということが、ときにあります。図書館員は、こうしたことにも冷静かつ迅速に対応しなくてはなりません。これは経験がものをいう領域だと思います。しかし、経験を伝えるのは難しく、経験がない人には対応の仕方がなかなかわからないものです。図書館関係の雑誌にそうした事例がいくつか載っていますが、これもごく一部です。書店の店員も同じような経験をもっているのではないでしょうか。以前、ある新刊本がないかと書店員に聞いたとき、その店員はすぐに新聞の切り抜きを持ってきて、その本はこれではないかと示してくれました。私の記憶があいまいで書名が違っていたのですが、そういう客も少なくないのでしょう。図書館もこの点は同じだと思います。

　図書館員は、先にあげた①②③それぞれのケースで迅速にわかるようにサービスを組み立てています。

①に対しては、ＯＰＡＣの検索方法を一目でわかるようにしたリーフレットを用意しておきます。そして、コンピューターのそばにも置いておきます。リーフレットには、検索できた本が図書館の本棚のどこにあるかも明示しておきます。検索できなかったときのために、書名、著者名などが正確かどうか、もう一度確かめてもらう旨、それでもわからなかったら図書館員に聞いてほしい旨を書いておきます。

本が見つかったら、利用者は借りて帰り、読んだり、また必要なところをコピーしたりということもすると思われますが、それぞれについて案内用リーフレットを作っておきます。利用者に聞かれたら、それを見せながら説明するのがわかりやすいでしょう。

図書館に本がなかったときには、ほかの館から借りる、リクエストをするなどの方法があり、それについてもリーフレットにしておきます。書店で購入することを案内するリーフレットも用意しておきます。地元の書店に在庫があるかどうか調べる方法などもリーフレットに織り込んでおくといいかもしれません。

本を一冊検索するために、以上のような準備が必要です。しかし、貸出に熱心な図書館でもこうした準備がされていない、あるいはリーフレットなどが作成されていないところも少なくありません。そうした図書館では、図書館員の誰もが一定レベルで利用者に対応し案内できるようなマニュアルが整備されていない可能性が高いと思います。これでは何のために図書館員がいるのか、ということになってしまいます。

さらに、利用者は書名だと思って聞いているのに、実は、本や雑誌に収録されている論文名だったとか、八十ページ以下のパンフレットだったといったケースもあります。聞かれた本が見つからなければ、そんな可能性を考えてみることもマニュアルのどこかに書いておきます。できれば一目でわかるチャート図にしておくといいでしょう。こうした例は大串夏身編著『情報サービス論』(「新図書館情報学シリーズ」、理想社、二〇一〇年)八九ページに掲示しておきました。

特定のテーマに関する本を探す

次に、ここでは、「本」に限定して考えてみます。

特定のテーマに関してどんな本があるか探したい、という場合、利用者の思いとしては、

①とりあえず何冊かあればいい

②図書館に何冊かあるとして、ほかに書店などを通じて手に入る本はあるだろうか

③この図書館にはないけれども、ほかの図書館などで所蔵していないだろうか

④書店などを通じて手に入る本はあるだろうか

などに分けられます。それぞれ図書館として迅速かつ適切に対応する必要があります。

①とりあえず何冊かあればいい

とりあえず何冊かあればいいというのであれば、図書館側としてはまず、ＯＰＡＣでキーワード検索し、関係がありそうな本のリストを作成して、本棚で探します。ここでは、ＯＰＡＣの検索で

もキーワードや分類記号などで検索する方法を書いたリーフレットが必要です。いくつかの項目を組み合わせて、検索を迅速かつ的確におこなうには図書館員としての経験が必要です。経験豊富な図書館員ほど迅速かつ的確に検索することができるのではないでしょうか。

また、自分で探してみようという利用者のためには、分類記号の表や書架図、また言葉（キーワード）から探せる分類記号の一覧などを作っておきます。

さらに、本棚へ利用者と一緒に行って、探しながら利用者が本当に求めているものが何かを聞き出すといいでしょう。じょうずに聞き出せるかどうかも経験によるかもしれません。

忙しいときは、分類記号の表や書架図に◯などをつけて、利用者に自分で探してもらうようにします。

②図書館に何冊かあるとして、ほかに書店などを通じて手に入る本はあるだろうか

これは、①と同じように調べます。おそらく利用者は、何冊か本を持ってカウンターに来て、「最近新しく出た本はないか?」「ほかに書店などで手に入る本には、どのような本があるかわかるだろうか?」などと聞いてくるでしょう。ほとんどの利用者は、最新の刊行物を求めてきます。そのため、図書館員にとって新刊本を検索することは、日常の作業だと念頭に置いておくべきでしょう。

必要に応じて、流通していない政府機関や地方自治体、研究機関などが発行した本もさらに検索することになります。これは利用者が気づかない領域なので、新刊書を検索しながら、そうした範

囲のものにもあたる必要があるか聞くといいでしょう。黙って検索するのは好ましくありません。いま何をしているのか、利用者に解説しながら検索すべきでしょう。すると、利用者からももっとこうした言葉で検索してほしい、などの要望が出てきます。それを手がかりにコミュニケーションが深まるはずです。私が講演などでこんな話をすると「自信がないから」と尻込みする人がいますが、図書館の本はあらゆる分野に及んでいるので、蔵書のすべてを把握している図書館員などいません。利用者に聞かれても、知らないことが多いのです。それでも、検索技術や知識という点で探し出す方法を知っている強みがあります。慌てず騒がず、粛々と検索すればいいのです。合間に辞書を見たり、利用者からそれとなくテーマの分野や内容について聞き出していきます。利用者のなかには、どうせ知らないだろうという態度を示す人もいます。それをいちいち気にしたり、気分を害したり、臆したりしていたら、体がもちません。これから図書館がもっと住民に信頼され、利用される施設になれば、一年間に十万、二十万という質問が寄せられるようになるのですから。

　こうした事例に向けて用意しておくものは、新刊書の検索方法を書いたリーフレット、政府機関や地方自治体、研究機関などが発行した本の検索方法を書いたリーフレットなどです。後者は国立国会図書館の「国立国会図書館サーチ」と、「蔵書検索」での検索方法を書いたものになるでしょう。

　また、地元の資料所蔵機関などの検索もおこなうことがあるので、必要なときに援助してもらったり、利用者を案内したりできるようにしておきます。「類縁機関」の組織化も必要です。これは都立図書館の「類縁機関」＝「専門機関」のリンク集が参考になります。所蔵資料の横断検索ができるようになっています。

③この図書館にはないけれども、ほかの図書館などで所蔵していないだろうか

「この図書館にはないけれども、ほかの図書館などで所蔵していないだろうか」について考えてみましょう。

これは、①②と同じようにOPACで検索して、所蔵していないことがわかってからの質問になります。

「ほかの図書館などで所蔵していないだろうか」については、同じ自治体内の図書館を、次に、近隣の図書館のOPACを、さらに県内の図書館のOPACを検索します。これで所蔵しているところがわかれば、特別な扱いをしている本でないかぎり、数日から数週間のうちに借りることができるでしょう。かかる日数は、条件によって、また県立図書館のサービスによって異なります。鳥取県立図書館のように、県内の市町村立図書館が所蔵している本を、県立図書館の配送システムを使って一日あるいは二日で届けてくれるところもあります。こうしたサービスをしている県立図書館は少数で、一般には借りるまでに一週間、二週間かかります。ほかの図書館が所蔵している場合に、何日くらいで届くのか、どのような手続きが必要なのかを説明して、利用者に理解を求めなければなりません。あまり日数がかかるようなら、自分で当該の本を所蔵している図書館に行くので紹介してほしいという利用者もいるでしょう。また、国立国会図書館から借りることもできます。古い資料でデジタル化されていれば、国立国会図書館が図書館向けにおこなっているサービスで読むこ

とができるかもしれません。これなら、解像度の問題などはあるとしても、借りる必要はありません。

県立図書館によっては、県内の大学図書館や専門図書館とも協定を結んで資料の相互貸借をおこなうようにしているところもあります。この場合でも、直接行って閲覧したいという利用者には、その方法などを紹介します。これらをリーフレットにまとめて、誰にでもわかるようにしておく、またウェブサイトでもわかるようにしておく必要があるでしょう。しかし、どこでも利用が可能であるような表現は避けたほうがいいかもしれません。図書館によっては、利用に条件をつけているところもあるからです。例えば、集団で調べにくる学生サークルだと、小さな専門図書館では閲覧室がいっぱいになってしまうということもあります。また、学生同士が常に情報や意見を交換しながら調べを進めますので、騒がしくなるなど、ほかの利用者に迷惑になることも多いのです。こうした図書館側の事情にも配慮した表現が望ましいでしょう。

また、借りた本の配送料を請求する図書館もあります。外国の図書館では、保証金を求めるところもあるので注意が必要です。

ともかく、やりとりでの行き違いがないように、また理解不足によるトラブルが発生しないように気をつけましょう。電話でのやりとりは特に注意が必要です。図書館員としては注意事項も含めて丁寧に説明したつもりでも、それを電話の向こうで聞いている利用者は、都合のいいところしか聞いていなかったり、メモを取らない人も多いと思われます。メモを取る習慣がない、これは図書館の窓口でも同じことがいえるかもしれません。メモを取らないで違う本棚に本を探しにいって見つからなかった場合は、図書館員の説明が悪かったということになります。

私も経験したことですが、日曜日に電話での質問に応えていて、図書館で所蔵していない資料をある新聞社の資料室がもっていることがわかったので、そこを紹介しました。資料室の開館日、日曜日は開館していないことや利用条件などを電話口で伝えました。利用者はすぐに資料室に電話して、今日行ったら見せてもらえるかと聞いて、開館していないと断られると、再び図書館に電話してきて、いいかげんなことを教えたと文句を言いました。先ほど日曜は開館していないと伝えたにもかかわらず、です。これは言った言わないの問題で、平行線でしかありません。結局、私が謝りました。こういうことが重なると、図書館側もほかの所蔵機関を調べてまで紹介したくないというこ とになっていき、利用者には消極的な印象を与えてしまいますが、これも仕方のないことです。たぶん現場の多くの図書館員が、こうした利用者と出会って、苦労しているのだと思います。その結果、サービスが消極的になっていくのはやむをえないことなのです。都立中央図書館の逐次刊行物の奉仕係の係長を短い期間ですが務めたことがありますが、このときの仕事に利用者の苦情に対応するということがあり、何人もの利用者にカウンターで怒鳴られるという貴重な経験をしました。十数分するとやや静まるのですが、それまでじっと罵倒に耐えるのはなかなか難しいものです。図書館員は精神的なリフレッシュにも心がけなければ長続きはしません。

④書店などを通じて手に入る本はあるだろうか

次に、「書店などを通じて手に入る本はあるだろうか」についてですが、これには②に加えて、図書館にある本でも、いつまでも手元に置いておきたいので購入したいとか、特定のテーマに関する本で図書館には全然ない、そもそも図書館が収集する本ではないが手に入れたい、などの理由があげられます。これは先に述べたように、取次会社や大型書店が提供している出版情報データベースを検索します。地元に大型書店があれば、本の在庫もわかることがあります。ある図書館でこうしたサービスをおこなっていると新聞に取り上げられたことがありますが、これは記事になるようなことではなく、日常的にどこの図書館でもおこなってほしい事例です。

出版社あるいは発行元によっては、書店を通さず直接申し込んでほしいというところもあります。これは利用者にその旨を伝えます。最近、絶版本をオンデマンドで販売する出版社も増えてきました。そのほとんどが直接申し込みのようです。

何か面白い本がないか

「何か面白い本がないか、あれば読みたい」と利用者が図書館に来て本棚を歩き回って探すことについて、考えてみましょう。そのために、書架図やキーワードとなる言葉から、分類記号にたどり着けるリーフレットなどを入り口近くのわかりやすいところに置いて、自由に手に取ってもらえるようにしておくといいでしょう。また、本棚の表示もわかりやすく、入り口から館内が見通せるようになっていることが必要です。

以前、慶應義塾大学田村俊一教授の研究室で図書館利用者の行動を調べたことがあります（私も調査に参加しました）。その調査では学生を集めて、調査であることは説明せずに各人にテーマを与え、テーマに関する本を探してもらいました。入り口から館内が見渡せる図書館と見渡せない図書館など、条件が異なる図書館で調査を実施しました。入り口から館内が見渡せる図書館では、直接本棚に行って探すことができます。他方、見渡せない図書館では、何はともあれコンピューターで検索することになりました。ある図書館では、入り口に市役所が設置した市内の施設やサービスなどを検索する専用端末が置かれていたのですが、これに並んで検索する学生が何人もいました。この端末でも図書館のページに入れば検索ができるのですが、図書館のOPACよりも検索しにくく、時間がかかってしまいます。もちろん、OPACを利用した学生もいました。

この調査から考えられるのは、図書館では入ったところで館内が見渡せて、本棚のどこに、どのようなテーマに関する本があるのかわかるようになっていることが好ましい、ということでした。できるだけ多くの本を開架スペースに置いておきたいからといって、入り口近くから背の高い本棚を並べてしまうのは利用する人の立場からみて再検討する必要があります。

高い本棚を置いてある図書館でも、入り口近くの本棚の棚板は低いところで抑えて、上のほうは背板を抜いて館内を見渡せるようにしている図書館もありました。これは図書館員の工夫だと思います。もちろん、きちんと背文字だけが見えるように本を並べるのではなくて、それぞれのテーマの本棚で本の表紙を見せるように努力している図書館や、小さなテーマ展示をしている図書館もあります。こうした取り組みで本棚をなんとなく見て回る利用者の関心・興味を引き寄せることも必要でしょう。

ここまで、来館した利用者が本を探す、本を手にする、借りるためにとるであろう行動に即して見てきました。ここからは、利用者が自分自身で調べる際の図書館員とのコミュニケーションや図書館員がサポートする事柄などの、環境整備について考えてみます。

４　「調べる」への環境整備を考える

図書館で利用者が自分で調べる環境の整備

図書館では、まず利用者が自分で調べることができる環境づくりが必要です。これは辞書・事典類を置く場所、ＯＰＡＣなどのインターネット専用端末や商用オンラインデータベース専用端末を置く場所など、本棚やカウンターとの位置関係も含めてよく考えるべきです。図書館によっては、利用者が自分で調べるという視点で観察してみると、考慮して配置したとはあまり思えないようなところもあります。

例えば、辞書・事典類は奥のほうの目につかない本棚に置かれている、ＯＰＡＣ検索用のコンピューターは入り口近くにあるけれど、ほかのインターネット専用端末などは相談カウンターと同じく入り口からは見えない奥のほうにある、あるいは二階の奥まったところにある図書館もあります。これでは利用者が自分で調べるのが難しいだけでなく、図書館員自身が調べるという点でも迅速、効率的にできないのではないでしょうか。

次に、利用者が来館して本棚などで探すときに、まず、手にするであろう書架図について考えて

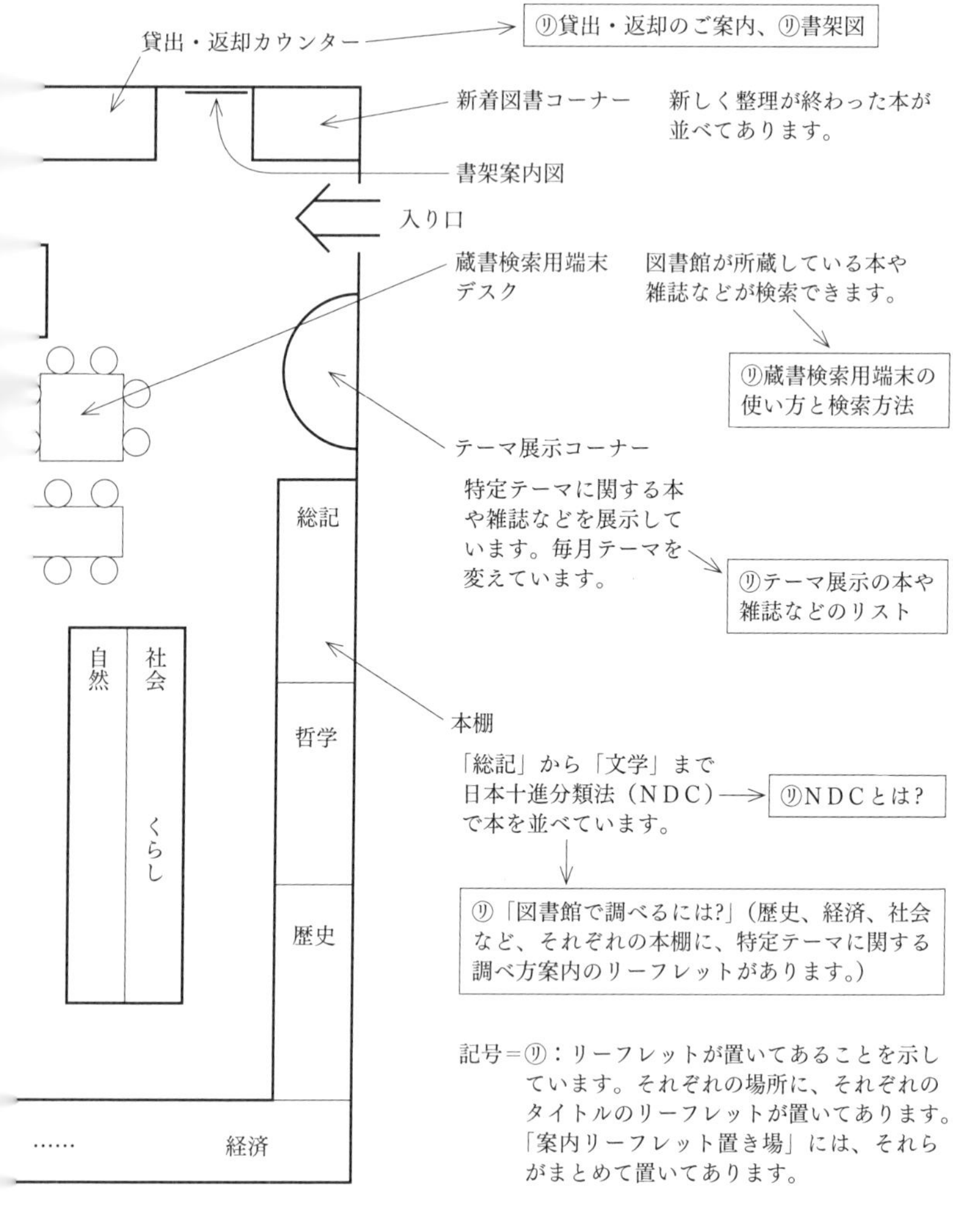
貸出・返却カウンター
㋷貸出・返却のご案内、㋷書架図
新着図書コーナー
新しく整理が終わった本が並べてあります。
書架案内図
入り口
蔵書検索用端末デスク
図書館が所蔵している本や雑誌などが検索できます。
㋷蔵書検索用端末の使い方と検索方法
テーマ展示コーナー
特定テーマに関する本や雑誌などを展示しています。毎月テーマを変えています。
㋷テーマ展示の本や雑誌などのリスト
総記
哲学
歴史
自然
社会
くらし
本棚
「総記」から「文学」まで日本十進分類法（ＮＤＣ）で本を並べています。
㋷ＮＤＣとは?
㋷「図書館で調べるには?」（歴史、経済、社会など、それぞれの本棚に、特定テーマに関する調べ方案内のリーフレットがあります。）
……
経済

記号＝㋷：リーフレットが置いてあることを示しています。それぞれの場所に、それぞれのタイトルのリーフレットが置いてあります。「案内リーフレット置き場」には、それらがまとめて置いてあります。

図1　書架案内図のイメージ

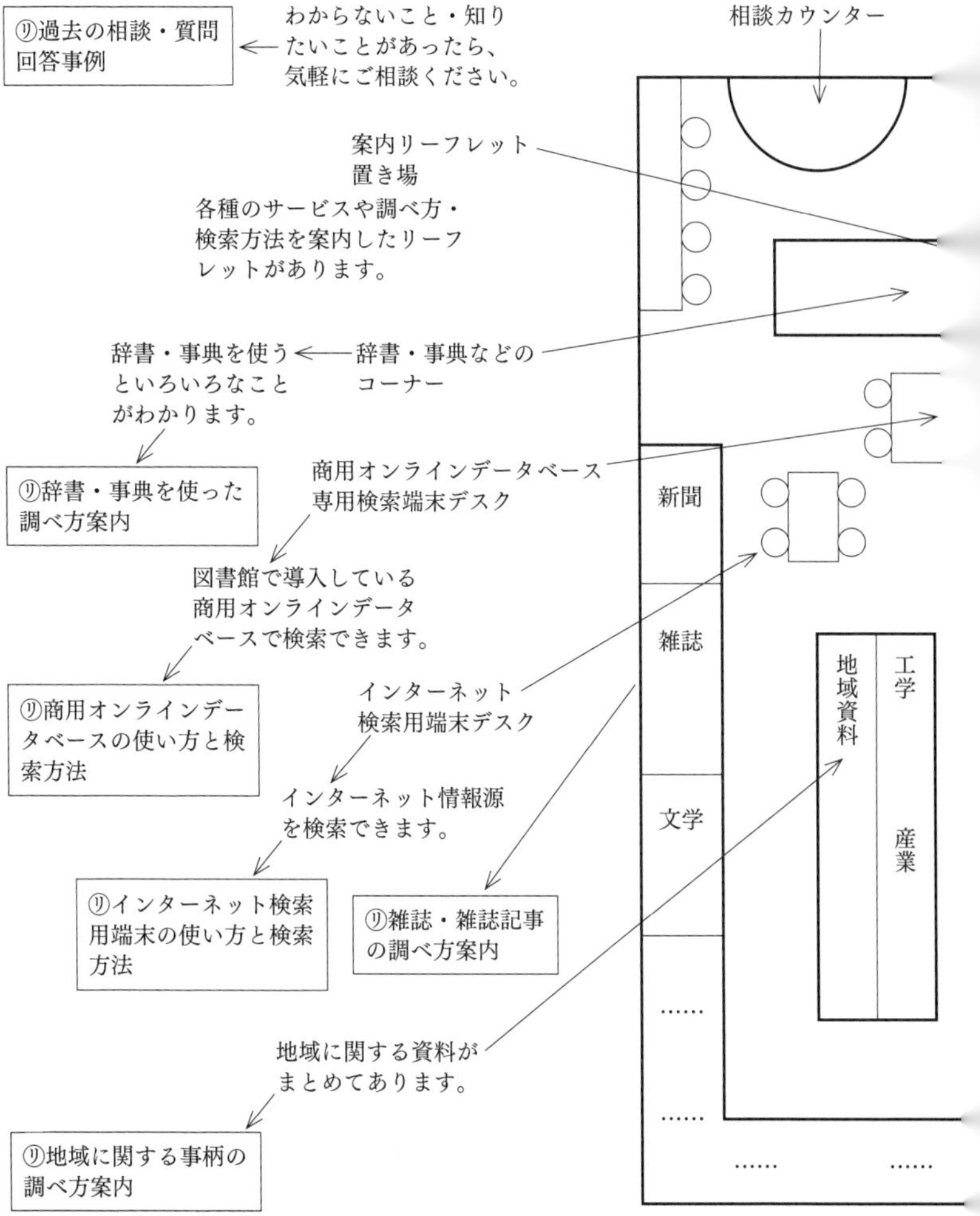
㋷過去の相談・質問回答事例
わからないこと・知りたいことがあったら、気軽にご相談ください。
相談カウンター
案内リーフレット置き場
各種のサービスや調べ方・検索方法を案内したリーフレットがあります。
辞書・事典を使ういろいろなことがわかります。
辞書・事典などのコーナー
㋷辞書・事典を使った調べ方案内
商用オンラインデータベース専用検索端末デスク
図書館で導入している商用オンラインデータベースで検索できます。
㋷商用オンラインデータベースの使い方と検索方法
インターネット検索用端末デスク
インターネット情報源を検索できます。
㋷インターネット検索用端末の使い方と検索方法
㋷雑誌・雑誌記事の調べ方案内
地域に関する資料がまとめてあります。
㋷地域に関する事柄の調べ方案内
新聞
雑誌
文学
……
……
……
……
地域資料
工学
産業

表5　書架案内図に書き込んでおくといい項目

貸出・返却カウンター
　　→リーフレット　貸出・返却のご案内
相談カウンター
　　わからないこと・知りたいことがあったら、気軽にご相談ください。
　　→リーフレット　過去の相談・質問事例

蔵書検索用端末（OPAC）デスク
　　図書館で所蔵している本や雑誌などが検索できます。
　　→リーフレット　蔵書検索用端末の使い方と検索方法
新着図書コーナー
　　新しく整理が終わった本が並べてあります。
テーマ展示コーナー
　　特定テーマに関する本や雑誌などを展示しています。
　　毎月テーマを変えています。
　　→リーフレット　テーマ展示の本や雑誌などのリスト

本棚
　　「総記」から「文学」まで日本十進分類法（NDC)で本を並べています。
　　→リーフレット　NDCとは?
　　→リーフレット　図書館で調べるには?

雑誌
　　→リーフレット　雑誌・雑誌記事の調べ方案内
地域資料
　　地域に関する資料がまとめてあります。
　　→リーフレット　地域に関する事柄の調べ方案内
辞書・事典などのコーナー
　　辞書・事典を使うといろいろなことがわかります。
　　→リーフレット　辞書・事典を使った調べ方案内
商用オンラインデータベース専用検索端末デスク
　　図書館で導入している商用オンラインデータベースで検索できます。
　　→リーフレット　商用オンラインデータベースの使い方と検索方法
インターネット検索用端末デスク
　　インターネット情報源を検索できます。
　　→リーフレット　インターネット検索用端末の使い方と検索方法

(入り口近くに、各種のサービスや調べ方・検索方法を案内したリーフレットを置いておきます。)

図２　図書館で調べる・探すイメージ図

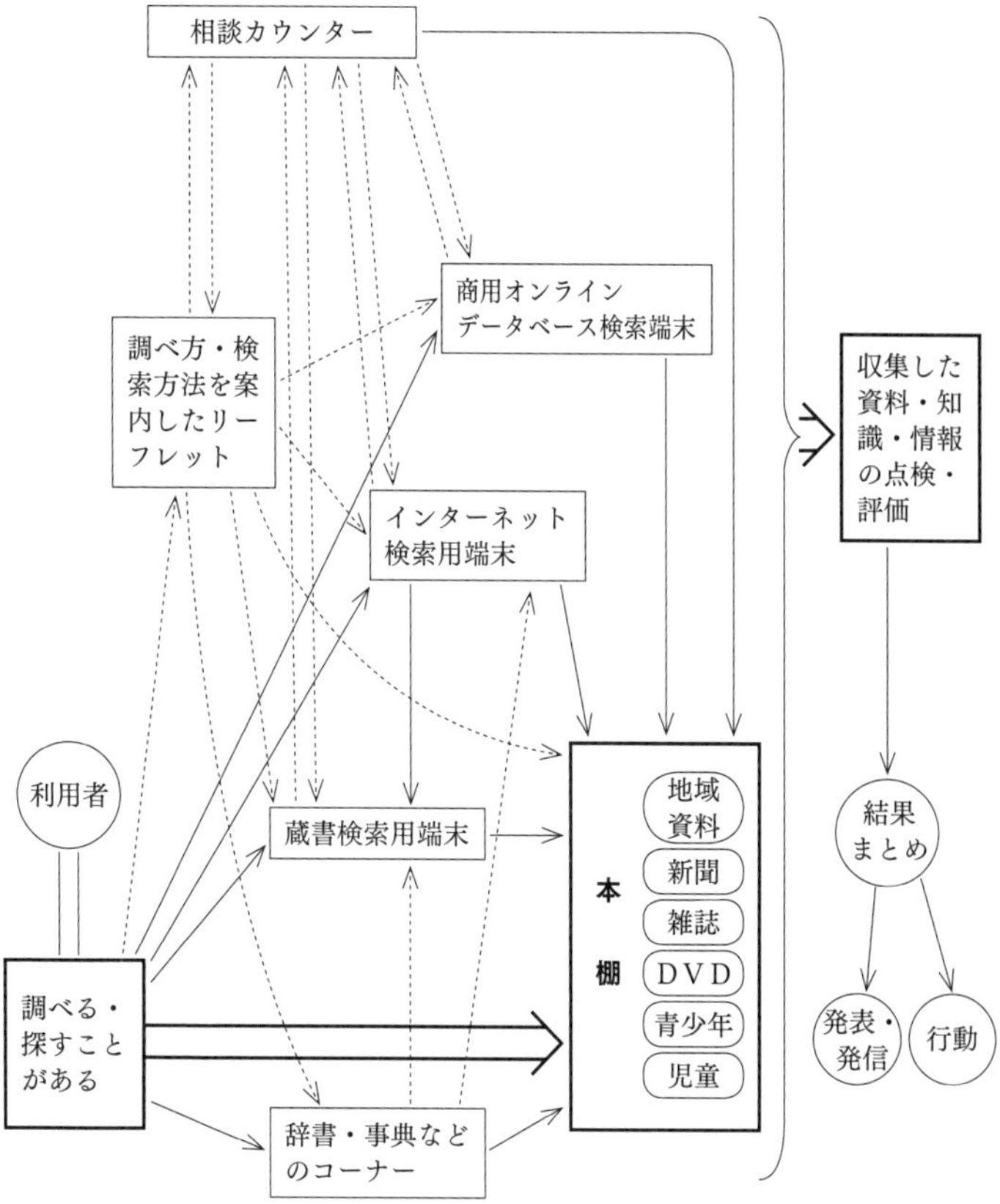

みます。

書架図は、どこに行けばどのような本があるのかを説明するものと、それに調べる方法を書き込んだものの、二種類があるといいでしょう。

後者の、利用者を「調べる」に結び付ける書架案内図のイメージは、図1のようになります。その図に書き込む項目は、表5に示しておきました。

また、開架スペースで効率的に調べるための「調べる」ツールの位置関係をまとめてみると、図2のようになります。

相談カウンターの位置など

利用者が自分で調べる環境を整備するうえで重要なのが、相談カウンターの位置です。「調べる」に関するサービスは、動線としては相談カウンターの位置から始まります。図書館に入ってきた誰もがすぐにわかるところに相談カウンターを置き、その近くにレファレンスブックの本棚を置きます。これなら、質問があったときにすぐに手に取ることができます。できれば利用者と一緒に書棚まで行って調べます。

大規模な図書館では、入り口近くにすべてのレファレンスブックを置くことができないところも多いでしょう。そのときは、離れて置くにしても、よく使うレファレンスブックは副本として入り口近くのカウンターのそばに置くようにしたいものです。

入り口の近く、誰の目にもつくところにレファレンスブックが並んでいることで、図書館は本屋とは異なる、調べる施設であることがすぐにイメージできるようになるでしょう。

相談・質問を受けたら、メモを取って、利用者と一緒に調べる、検索するというのが基本です。質問を受けてもメモを取らず、内容を確認することもしないで、黙ってコンピューターに向かう姿を見かけることがありますが、これでは図書館員として失格です。メモを取って質問内容を確認し、ときには内容について質問したり、利用者が求めている情報量、例えば本を数冊程度とか、雑誌の記事も含めてといったことについて聞き取って、調べ方についても簡単に説明しながら調べ始めます。コンピューターで検索するときも、キーワードを伝えて調べる方法を説明しながら検索するようにします。電話の場合は、手順を伝えながら調べるようにします。

あるとき、講演に行ったついでに図書館に寄って、インターネットで見かけた新刊本を所蔵しているかどうかOPACで検索したのですが、わからなかったので、レファレンスルームのカウンターで聞きました。最近出た本でインターネットで見かけたのだが、とタイトルを伝えてここにあるか聞くと、早速コンピューターに向かって検索を始めたのですが、なかなかわからない様子であるうえに、その図書館員はウンともスンとも言わない。何をしているのかのぞいてみると、蔵書データを検索していました。結局わからなかったのですが、これは図書館員の行動としてよくないと思いました。というのは、こうした質問を受けたときは、図書館員としては二つの検索過程を思い浮かべたほうがいいと考えられるからです。一つは蔵書検索から始めて、そこでわからなかったら、インターネットに向かう方法です。もう一つは、インターネットの検索から入って、本の正確なタイトルと刊行時期を確認してから、所蔵を検索するというものです。

蔵書検索から入るのは、すぐにわかると判断できるときです。しかし、本を所蔵しているかどうか利用者が聞いてくるのは、調べてもわからなかった、という場合が多いのです。それを確かめるためにまず、「何かお調べになったことがありますか？」と聞きます。「すでにOPACで検索したがわからなかった」という答えが返ってくれば、インターネットの検索から始めることになります。ここで注意すべきなのは、利用者の多くは、自分が間違っていないと思っている点です。ですから、インターネットで検索を始めると、なぜだと思い、気分を害する利用者もいます。ですから、本当は正確なタイトルを知りたいのですが、それを感じさせないように「刊行時期を確認してみますね。時期によってはまだ購入できていないかもしれません」などと言いながら検索します。正確なタイトルと刊行時期を確認し、タイトルが違っているようなら、画面を見せながら「これでしょうか？」と尋ねます。利用者が自分の言ったタイトルにこだわるようなら、そのタイトルで検索してみます。出版社のサイトで検索して見つからなければ、利用者も自分が間違っているかもしれないと思うでしょう。それから正確なタイトルで検索して、所蔵を確認します。出版された直後であると、購入できていない可能性もあります。

ともあれ、結果を知らせます。地元の人なら、ほかの図書館で所蔵しているかを聞くかもしれません。そこからはまた新しい検索が始まります。

利用者とコミュニケーションを密に取りながら、検索を進めるといいでしょう。コミュニケーションを密にすると、利用者は安心し親しみをもつものです。要望も伝えてくれます。コミュニケーションが深まり、利用者の満足度も増すでしょう。

一つ付け加えておきたいことは、相談・質問サービスをすべてのサービスポイントでおこなうことです。移動図書館のステーション、分館、地区館でもおこないます。スマートフォンで蔵書検索ができるようになり、辞書・事典の検索もできます。辞書・事典を収録したデバイスも安く販売されているので、それらも利用すればある程度の相談・質問に対応できるはずです。分館などでは貸出しかおこなわないところもありますが、本があるところでは相談・質問を受け付けて対応するのは当然です。それでこそ図書館だと思うのですが、私がこうしたことを提案しても、多くのところでまったく反応してくれません。なぜなら、相談・質問・回答サービスは図書館の専門職がおこなうサービスだという変な誤解があるためです。分館などは、嘱託・臨時職員で対応している自治体が多く、それらの人にレファレンスサービスは無理だという先入観があるのです。購入した本を百二十パーセント活用できるようにするのが図書館の使命のはずなのですが……。

新しい学習指導要領に基づく情報科の教科書では、インターネットを使った検索が課題になっています。ほかの教科、例えば理科では、自治体発行の印刷物と国土交通省などがインターネットにアップしている地図などを使って地域の防災計画を立案する、地球環境問題を環境省がインターネットにアップしているデータを使ってシミュレーションするといった課題に取り組むようになっています。ビジネス関係の教科書では、図書館で質問されるような問題が課題として出されていて、これも本とインターネットを活用して調べてまとめていきます。こうした時代ですから、図書館員なら、正規職員、嘱託職員、臨時職員の別なく調べることができる、インターネットを使った検索・調査を誰でもが当たり前にできなくてはならないでしょう。当然、そのための研修の時間を確保して、嘱託職員、臨時職員にも研修をおこなうべきです。

こうして中央館、地区館、分館、移動図書館が一体となって、レファレンスサービスに取り組むことができるような態勢を整えるべきでしょう。もちろん、中央館が調査・回答できる範囲と、分館、移動図書館ができる範囲とは異なります。それぞれができる範囲で答えて、中央図書館はそれをバックアップすることになります。

利用者へのはたらきかけ

ここでは、利用者へのはたらきかけについて、いくつか考えてみたいと思います。

利用者へのはたらきかけで重要なのは、日常的に取り組むことです。これは、「調べる」に関わるものだけでなく、その前に、本の紹介を通したはたらきかけが重要です。

来館者へは新刊図書の紹介やテーマ別の展示などがありますが、来館しない人たちに対しては地域内の団体や組織への日常的なはたらきかけが望まれます。まず思い浮かぶのは新着図書の紹介です。地域内の団体や組織には、経済団体や医療機関、商店、行政組織、福祉関係組織、スポーツ団体など、さまざまな相手が考えられます。新着図書のなかからそれぞれの組織や団体に関係する本を選んで、内容を簡単に紹介します。そのリストの後に、図書館に対するリクエストを寄せてもらうような依頼文を入れ、さらに図書館ではさまざまな質問にも応えていて、何かあれば聞いてほしい旨と、電話やインターネットのアドレスを入れておきます。できれば新着図書が整理され、本棚に並ぶ時期に合わせてはたらきかけます。といっても、あまり頻繁では事務の負担がかかるので、月に一回、あるいは二カ月に一回程度がいいかもしれません。

シートを配りながら一声かける、できれば図書館についての話題や、関係するイベントがあればそれを紹介するのもいいと思います。行政組織の場合は、福祉や産業、教育など、それぞれの分野の本の紹介をするようにします。リクエストしてくれるように頼んだり、相手側が発行した資料があれば、もらったり紹介してもらうと、行政組織との顔つなぎにもなります。地域内の主な組織・団体にも、同じようにはたらきかけます。できれば一年に一度は、館長が訪ねて回るようにしたいものです。そうした団体・組織のなかで図書館に関心がある人に集まってもらうような機会を設けて、図書館に対する意見や要望を寄せてもらう、あるいは本を紹介してもらうこともできるでしょう。紹介してもらった本をリストにして配布するのもいいアイデアです。

来館者へはさらにオンラインデータベースの使い方、電子書籍の紹介、インターネット情報源検索方法など、コンピューターで利用できるツール、資料についての情報も必要です。本は本棚に並んでいるので、誰でも手に取ったり、本棚を見て回ったりできます。そこで、自分が求めるものを発見したり、興味を引かれるものを見つけ出したりするわけです。しかし、コンピューターの「なか」は、手には取れないし、見ることができません。そこで、何をしたらツールや情報源にたどり着いて、検索などができるのかをきめ細かく丁寧に案内することが必要です。しかし現実には、そうしたきめ細かい案内をしている図書館は、ほとんどないのが現状です。

講座の開催など

地域の住民や組織・団体への具体的なはたらきかけとしては講座の開催などがあります。講座の開催にあたっては、質問も含めて六十分程度のものが適当だと思います。体系的な内容ではなく、地図や本、または雑誌など、図書館の資料に基づいて、それらを紹介するところから始めましょう。本は所蔵資料の検索方法から始めます。

とはいえ、「調べる」をテーマにした講座では申し込みは少ないでしょう。まず、図書館の賢い利用方法を紹介するといった講座を設定して、そのなかに図書館で調べるという項目を入れることから始めるといいと思います。さらに詳しい調べ方を紹介してほしいという声が寄せられるようになったら、図書館を使って調べる方法についての別の講座を開くといいでしょう。

これは児童・生徒向けの講座でも同じで、特に小学生を対象とした場合、調べることだけを目的にした講座を設定してもなかなか受講者が集まりません。親たちが図書館は調べるところだと思っていないからです。そこで、一日図書館員になってみるというイベントのなかに「調べる」に関するコーナーを作って、書架で本を探したり、百科事典で特定の項目を探して読むことなどをおこなうのがいいかもしれません。最近のヨーロッパの福祉に関する研究では、四歳から五歳の時期に生涯にわたる学習意欲の基礎が作られることが明らかになっています。その時期に、学ぶ楽しみ、知る楽しみ、探して見つけ出す楽しみ、考える楽しみなどを経験することが、学習意欲の形成に欠かせないということです。保育園や幼稚園などのように、図書館でも本がある空間で本を読む楽しみを経験するプログラムを開発し提供することを考えていきたいものです。学ぶ楽しみは、机に向かうだけでなく、体を動かしたり、本を手にしたりすることでも得られるからです。

調べ学習に関係する講座を開催するにあたっては、まず、図書館員自身が教科書に載っている調べ学習に関する内容について知り、図書館を使って調べるにはどのようにすればいいかなどを検討して、実際に経験してみます。次に、先生方に図書館に来てもらい、研修の一環として、担当している学年や科目の調べ学習について調べる体験をしてもらうといいでしょう。ある県立図書館では、先生方にそれぞれテーマを設定して調べてもらい、その結果を調べ方案内としてまとめ、一部をウェブサイトにアップしています。先生方に調べた経路・方法・調べ方などについてまとめてもらい、先生方が共有するヒント集にするといいかもしれません。

さらに、先生の引率でクラス単位で図書館に来館してもらい、図書館で「調べる」を経験してもらうことも効果的です。学校図書館と違って本がたくさんある空間で調べてみると、より上の学年・学校に進んだとき、また社会に出たときにその経験が生きてくるものです。この「調べる」については、国際子ども図書館では積極的に取り組んでいます。これらの成果が都道府県立図書館を通じて、全国の図書館に広がっていくことが期待されます。

成人利用者を対象とする講座では、図書館での調べ方、ＯＰＡＣの検索方法、オンラインデータベースの検索方法、インターネット上の特定のデータベースの検索方法などから、特定テーマや地域の課題に関する資料、情報の調べ方などまで幅広く設定して、専門分野については専門家を招いて開催します。

講座の開催時期も重要です。夏休みに入ってすぐの時期に、図書館で調べる講座を開催するとより多くの児童・生徒が集まるでしょう。保護者向けの「調べる」講座も、その時期の開催が効果的です。自由研究などを子どもにすすめ、自分も調べてアドバイスしたいという親が参加してきます。時期を誤ると、いい内容の講座であっても人が集まらないことが起こりがちです。

これまで述べたように体系的な講座を開催する前に、図書館に何となく来館した利用者が、調べることも図書館のサービスだと自然とわかるような空間を構成したり、書架図などの案内を通して「調べる」行為へ誘う仕掛けがなくてはなりません。そして、利用者自身が、自然に図書館で調べられるようにすることが、最終的な目的になります。それこそが図書館での創造的な行為にも結び付いていくわけです。その際、一人で調べる、創造するだけでなく、みんなで調べて、創造する空間になることが期待されています。

ここで、図書館の賢い利用方法に関する利用者向けプログラムの概要を紹介しておきます。

事例：図書館の賢い利用の仕方と調べ方ヒント

（図書館にはさまざまなサービスがあるので、「利用案内」でサービス内容を確認しておきましょう。まず、自宅でも電話やインターネットを使って利用できるサービスがあります。）

1、図書館サービスを自宅で利用できます

・わからないことがあれば電話をかけて聞きます。

・インターネットで本の所蔵を調べます。
・インターネットの電子メールで問い合わせをすることもできます。

2、直接、図書館に行く
・なんとなく見て回って、面白そうな本が見つかれば借ります。
・人から聞いた本が図書館にないか探して、置いてあれば借ります。
・特定のテーマの本を本棚に行って探します。
（まず、ＯＰＡＣ〔オンライン所蔵目録検索システム〕で検索して見つかれば、本棚に行って探します。わからないときはすぐに図書館員に聞くといいでしょう。）
・このほか、新しい雑誌を読む、新しい新聞を読む、特定のテーマに関する新聞記事・論文を読む、などができます。
（わからないことがあれば相談・回答サービスやレファレンスサービスで図書館員に聞くことができます。ちょっとした疑問でもすぐに図書館員に聞くようにしましょう。）

さらに、
・所蔵されていない本はリクエストもできます。
・所蔵されていない本はほかの図書館からも借りてもらえます。国立国会図書館や都道府県立図書館などから借りることができます。
・所蔵されているけれども誰かが借りている本は、予約ができます。

・開催される行事などに参加できます。

3、図書館の本棚やコンピューターの端末ではいろいろなことを調べることができます
・図書館の本の調べ方
〈OPACでの検索の仕方〉

キーワード、書名、著者名などで検索ができます。検索してみましょう（検索事例とともに検索結果の見方も説明します）。

〈本棚の本の並べ方を知る〉

本は、成人・児童・ヤングアダルト（中学生・高校生向け）などジャンル別に分けてあります。また、それぞれのジャンルで、NDC（日本十進分類法）に基づいて並べてあります。ここで、NDCについて理解しておきましょう。

〈日本十進分類法とは？〉

日本十進分類法（NDC）新訂九版の概要を説明します。例として「中学校の歴史についての学習指導」というテーマの本を探すといった具体的な事例も見ておきます。

大分類（第一次区分）の「類」では、
教育に関するテーマは、「3」社会科学に入ります。
第二次区分では、社会科学のなかに「37」教育があります。

第三次区分では、教育のなかの「375」「学習指導」「教科別教育」に入ります。
第四次区分の細目表では、「3」「社会科教育」に入ります。
第五次区分で社会科教育のなかの「32」「歴史」へと進みます。
第六次区分で「323」の中学校があります。

「中学校の歴史についての学習指導」という本を分類すると、以下のような分類表の記号が与えられます。

図書館の蔵書に記載される分類記号は、375.323といった表記になります。

（出典：那須雅熙『情報資源組織論及び演習』第二版〔ライブラリー図書館情報学〕、学文社、二〇一六年、一六二ページを参照）

図書館では、このように本がもっている内容（テーマ・主題）によって分類しています。分類で見た場合、375で終わっている図書館も、375.3で終わっている図書館もあります。どこまで記載するかは、それぞれの図書館の考え方で決まります。

図書館の本は、以上のような方法で分類記号を与え、ほかに受け入れ記号や著者記号を加えたものが請求記号になります。本の背にこの請求記号を記入したラベルが貼られ、本棚に並べられています。分類記号は、請求記号の一段目に記入されるものです（なお、分類記号の前に「R」などの記号をつけて別に配置することもあります。ちなみに「R」は参考図書〔レファレンスブ

類目表
第1次区分
0 総記
1 哲学
2 歴史
3 社会科学
4 自然科学
5 技術
6 産業
7 芸術
8 言語
9 文学

綱目表
第2次区分
30 社会科学
31 政治
32 法律
33 経済
34 財政
35 統計
36 社会
37 教育
38 風俗習慣．民俗学．民族学
39 国防．軍事

要目表
第3次区分
370 教育
371 教育学．教育思想
372 教育史．事情
373 教育政策．教育制度．教育行財政
374 学校経営・管理．学校保健
375 教育課程．学習指導．教科別教育
376 幼児・初等・中等教育
377 大学．高等・専門教育．学術行政
378 障害児教育
379 社会教育

細目表（第4次区分）
.1 学習指導〈一般〉．学習指導要領
.2 生活指導．生徒指導
.3 社会科教育
.4 科学教育
.5 技術．家庭科

第5次区分
.31 社会：倫理，社会，政治，経済
.32 歴史
.33 地理．人文地理
.35 道徳

第6次区分
.322 小学校
.323 中学校
.324 高等学校

ック」であることを示します）。

コンピューターでは、図書館のインターネットにつながる端末でいろいろなことを調べられるだけでなく、デジタル化された本などを読むことができます。国立国会図書館デジタル化資料送信サービスもその一つで、国立国会図書館の図書館向けサービスになっています。国立国会図書館がデジタル化した本（予定では一千万冊）のうち、百五十万冊程度を全国の図書館で読むことができます（最近これに歴史的音源も加わり、明治・大正期のレコードなども聴くことができるようになりました）。

4、一つの事柄、テーマに関する本を調べるには？

以下のテーマに関する本がどの分類のところにあるか、考えてみましょう（例題を示して解説します）。

・特定のテーマに関する本を調べるには？

テーマで並べるだけでなく、発表の形式でも並べてあります（これも例題を示して解説します。以下、すべての項目で例題を示します）。

・資料の形態から

資料の形態でも並べています。図書、新書・文庫・大型本、年刊（年鑑）・年報、雑誌、新聞、視聴覚資料（ＤＶＤ）などはそれぞれ別の本棚に置かれています。

・対象の発表・調査の形式から

図書で同じテーマのものでも、発表の形式が違うものは、置いてある場所が違います。例えば同じ題材でも写真集、小説、エッセー、音楽作品、オペラ、演劇、映画、統計、世論調査、人名録・伝記などがあり、それぞれの分野に分かれて置かれています。

そこで図書館では、例えば「スピーチ」や「猫」などに関する本がどの分野のどこに置かれているかがわかるような資料を作って、本棚を案内するようにします。

5、図書館で調べるヒント集

（ここでは調べ方について、検索・探索の方法を述べてみます。実際の講座では各項目、具体的な問題を示して、時間が許す限り、実際に検索して、検索結果を示して見方などの解説をします。ここでは項目だけを示しておきます。）

（1）本や雑誌論文などを探す

〈特定の本を探す〉

図書館のWeb-OPACで検索し、さらに取次会社（日販、トーハン）、大型書店、オンライン書店のデータベースで検索する。

〈特定テーマに関する本を網羅的に調べる〉

・探索の流れ

①国立国会図書館サーチやNDL－OPAC「蔵書検索」など、大規模な図書情報のデータベ

ースで調べる。
②図書館の所蔵だけでは収集・整理の都合上、最新刊の図書が落ちてしまうことがあるため、取次会社などのデータベースで新刊本も調べる。
③電子書籍を検索したり、古いものは古書店のデータベースを検索する。また政府刊行物などを検索するなどがあり、検索結果を整理して、リストを作る。
・入手する、読む
　次に、現物を入手して、読みます。もちろん現物のごく一部だけでいい、ということもあります。さらに電子書籍、デジタル化された資料も探してみましょう。

　まず、リストに基づいて図書館を探して、図書館にあるかどうか調べます。ないものは近くの公共図書館、あるいは大きな中央図書館を探して、それでもなければ国立国会図書館に行って閲覧するか、図書館間の相互貸借制度を使って、借りてもらうことになるでしょう。

〈特定テーマに関する雑誌論文（研究論文）を探したい〉
・探索の流れ
　特定テーマに関する研究論文（雑誌論文）を探すときは、次のような検索方法があります。
①まず、国立国会図書館雑誌記事索引、国立情報学研究所「CiNii」など、「JDreamⅢ」（有料）、「Google scholar」などの大規模な雑誌記事のデータベースで調べる。
　国立国会図書館の「雑誌記事索引」は、一般週刊誌・月刊誌を含めたすべての分野を網羅して、約一万タイトルを対象に作成されています。

国立情報学研究所の「CiNii（NII論文情報ナビゲータ）」は学術雑誌を対象にしています。基本的に各論文の書誌情報には抄録がついていて、その文章中のキーワードも検索ができます。

大宅壮一文庫のデータベースは、サブカルチャーなども含むもので、詳しく検索できることもあり、出版社の雑誌編集部などがよく使っています。

「JDreamIII」は科学技術関係が中心ですが、幅広く、かつ日本を含む海外五十カ国の学術論文を日本語で検索できます。

②次に、特定テーマに関する専門分野の雑誌記事索引があれば、それを検索します。

これには、大原社会問題研究所の論文データベース、国立民族学博物館の「服装関連日本語雑誌記事」、国文学研究資料館、国立国語研究所、省エネルギーセンターなどの論文データベースなど多数あります。

③あわせて、Googleや国立情報学研究所の学術コンテンツポータルも検索してみます。

・研究論文・雑誌記事の入手方法

①デジタルで閲覧できるものは、コンピューターで閲覧します。ダウンロードできない場合は、印刷するか読むだけかになります。デジタル化されたものは、国立情報学研究所の「CiNii（NII論文情報ナビゲータ）」「Google Scholar」でも検索して読むことができます。

②印刷物でしか入手できないものは、掲載されている雑誌の所蔵を調べて、所蔵している図書館でコピーを入手します。図書と同じように身近な図書館から検索してみましょう。なお、国立国会図書館には、直接行かなくても必要なページのコピーを送ってくれるサービスがありま

す。

〈特定テーマに関するニュースを探したい〉

・探索の流れ

①新聞記事を検索エンジンYahoo!などのポータルサイトなどで探す。

②個々の新聞のサイトで探す。

③ニュースサイトにアップされたニュースを検索する。

Goo、Googleの「Gooニュース」「Googleニュース」では、ニュースサイトにアップされた記事を検索できます。

④「日経テレコン21」の横断検索で検索する。

以上を活用しながら、さらに広い範囲の事実や情報を横断検索で調べていきます。

(2) 事柄や事実などを調べるときの一般的な流れ

〈調べる方法〉

調べたいことによって、調べる方法が違ってきます。例えば、文献やインターネットなどで調べる、統計や世論調査などで調べる、図鑑や地図、画像で調べる、音を聞いて確かめる、インタビューやアンケート調査をする、実地調査をする、などの方法が想定されます。

〈調べる事柄をＭＡＰ化する〉

調べる事柄を書き出して、ＭＡＰを作って整理していきます。

〈百科事典で概要を調べる〉

百科事典にもいろいろな種類のものがあります。比較して検討してみましょう。さらに専門分野の辞書・事典があればそれも調べます。

〈言葉の意味を正確に理解する〉

特に新しい言葉は、要注意です。『現代用語の基礎知識』などの新語辞典や、インターネットのYahoo!JAPANとGoogleなどで、「○○××とは」で検索します。

〈新しいテーマや新しく出てきた事象などは年鑑で確認〉

〈図版が豊富なシリーズもチェック〉

これには、「「知」のビジュアル百科シリーズ」（あすなろ書房）などがあります。

〈専門分野の事典や図鑑などでも調べる〉

日外アソシエーツの各種「レファレンス事典」は必ず参照します。

〈いよいよ関連の図書がないか調べる〉

いままで説明した内容を参考にして、実際に調べる作業に進みます。

〈雑誌論文も調べる〉

〈新聞記事、ネット上のニュースも調べる〉

〈インターネット情報源を調べる〉

実際に調べ始めると、法律、統計、世論調査、人物など、非常に多くの事柄を調べる必要があることがわかってきます。パンフレットなどの印刷物も視野に入れて、検索して調べるといいでしょう。ガイドブックとしては大串夏身『調べるって楽しい！――インターネットに情報源を探す』（青弓社、二〇一三年）などを参考にしてみてください。

（3）地域の事柄などを調べる

地域の事柄は地域資料・郷土資料のコーナーで調べるといいでしょう。

なお、事柄によっては、先に述べたように、図書やインターネットなどで調べることに加えて、インタビューをする、実際に現地に行ってみる、また写真を撮って画像を集めることも必要になります。

私は、地域の地図・航空写真などをよく使います。地図について、以下に少し詳しく紹介しておきましょう（東京二十三区を事例にします）。

①一万分の一地形図は、大正期に東京各地のものを示したものは陸地測量部が作っています。戦後は一九八〇年頃から国土地理院が作っています。

②住宅地図は、地域によっては一九六〇年代からあるようです。七〇年代からはゼンリンが作っています。これは一軒一軒住んでいる人の名前も入っていて、もちろん会社・商店などもわかります。

③五千分の一の地図は、東京市十五区内だけですが、一八八五年前後のものがあります。

一八八三年頃から作られた測量図面はフランス式で、この地図もフランス式の総天然色です。

④地籍図は、一八六九年頃から各地で作られています。東京市内では七九年、一九一二年、三

一年から三五年刊行の三つがあります。詳しいのは一九一二年刊行のもので、商店や会社などの名称、作家や子爵など有名人も記載があります。
⑤火災保険特殊地図は、火災保険会社が業務用に作ったもので、東京二十三区内は一九三六年と三七年のものがあります。一軒一軒の建物の形や、コンクリート造りなどの構造がわかるようになっています。
⑥空中写真（航空写真）も、東京二十三区内は一九三〇年代から作られてきました。また、第二次世界大戦後の四七、四八年には日本を占領していたアメリカ軍が日本全国の写真を撮っていて、これもネット上で公開されています。
なお、地租改正のときに作った課税台帳の控えが残っている地域もあります。これには一軒一軒の家の形状がわかる図面も含まれています。

以上にあげたものは、図書館を使って「調べる」の基礎になる一般的な調べ方です。回数としては、1から4までが一回分、5だけで一回分とすると、例題をあげながらゆっくり説明できるでしょう。さらに回数を増やすと、受講生にも自分で探してもらったり検索してもらえるでしょう。そのためには、一人一台あるいは二人に一台、インターネットに接続したパソコンで検索できるような環境があればベストです。
さらに回数を分けて「調べる」講座を開催する場合は、より詳しい検索内容へと発展させることができます。例えば、国立国会図書館の蔵書検索では、典拠ファイルを使った検索や件名を使った検索などの方法があります。デジタル化資料もたくさん調べられますので、それらにも手を広げて説明していくといいでしょう（希望者には世界の図書館の蔵書検索やオープンアクセスのデータベースを検索する講座を別に設定するといいでしょう）。

地域のテーマも検索事例に組み込むことができます。

このほか健康、法律・条例、ビジネス、料理、文学、歴史、産業、映画、演劇、漫画・コミックなどのテーマを設定して、調べるための講座を開催するのもいいでしょう。

図書館側の準備

次に、図書館側の準備について考えてみましょう。図書館が「調べる」をサポートするために準備すべきこととしては、おおむね以下のようなものがあげられます。

ここでは、基本的な項目をあげておきます。

○コレクションを作る
○レファレンスサービスに関する規定などを作る
○書架図を作る
○OPAC検索方法を習得する

習得する内容としては①自館のOPACの検索から始めて、②都道府県内の図書館の横断検索、③国立国会図書館のOPACの検索、などがあります。さらに余裕があれば、地域内の大学や類縁機関のOPACの検索、外国の図書館のOPACの検索などにも広げることができます。外国の図書館のＯＰＡＣには、「World cat」、アメリカ議会図書館のＯＰＡＣなどがあります。
○レファレンスブックの検索方法を習得する
○インターネットの検索方法を習得する
これは、まず主なネット上のデータベースを知り、検索方法を習得するところから始まります。それに加えて、地図・統計、中央省庁の刊行物などの検索方法、商用オンラインデータベースの検索方法、新聞・新聞記事、雑誌・雑誌記事の検索方法などさまざまなデータベースの検索方法を習得するようにしましょう。さらに、地域資料や出版情報データベースの検索方法などへも手を広げていきたいものです。

こうした準備の流れをマニュアルにまとめていきます。このマニュアルに基づいて、利用者へ案内・説明ができるようにします。また、利用者向けのリーフレットを作るのもいいでしょう。
○相談事例をまとめデータベース化する
利用者から寄せられた相談内容と、それにどう対処したかを事例としてまとめます。さらにほかの図書館でも共有できるように、国立国会図書館の「レファレンス協同データベース」に参加して、事例をアップしていくといいかもしれません。これは、利用者も検索ができるように案内していきましょう。
○調べ方のマニュアル化
以上の過程を通して得られた知識、特定テーマに関する所蔵資料の調べ方やインターネット情報源も含めての探し方を、マニュアルにまとめていきます。このマニュアルに基づいて、利用者向けに調べ方案内のリーフレットを作りましょう。

図書館の準備として規定などを整備することは、『インターネット時代のレファレンス――実践・サービスの基本から展開まで』（大串夏身／田中均、日外アソシエーツ、二〇一〇年）に書いてありますので、そちらを参照してください。ここでは、特にふれておきたいことに限って述べます。

図書館員を育てる

まず、図書館員を育てることが必要です。ここでは、まったく経験がない人が相談サービスを担当することを念頭に置いて考えてみましょう。

図書館員として、まずはよく使う基礎的なレファレンスツールを知るところから取り組んでいきます。

とはいえ、具体的に調べる段階になると、どのようにしたらいいか、悩むところです。初めて図書館員になった人は困惑するでしょう。図書館員は「資料のことをよく知っておかなくてはなりません」と司書養成の授業・講習では学びます。しかし、実際の本棚に並んでいる本は膨大で、レファレンスブックだけでも結構な量になります。それらを全部知ることは無理な話です。私も、都立中央図書館の参考課社会科学室、つまりレファレンス担当のうちの社会科学関係の担当に配属されたとき、これは大変だと思いました。先に述べたように、成り行きでなったような「デモシカ」司書の私でさえそう感じたのですから、使命感をもって司書になった同僚はなおさらとまどったのではないかと思います。それでも、新米職員の養成に情熱をもっていた先輩職員が周りにいたので、仕事をしながらレファレンスブックを覚えるようなプログラムが整えられていて、また何より心強かったのは、先輩職員はみなレファレンスブックや本の活用方法に精通していて、聞くとすぐに教えてくれたことです。私はそうした先輩に聞いてばかりいた新米職員の一人でした。

あるとき、電話で日本のある市の債権の格付けを知りたいという質問を受けました。まったくわからないので先輩に聞いたところ、即座に「ムーディーズ」を見ればわかるだろうと教えてくれました。英語の加除式で、確か八分冊もあった「ムーディーズ」を調べました。最初のほうは企業の格付けでしたが、後半に日本の市の債権の格付けが載っているのを発見し、その市の財政状態などについて詳しく書かれていました。初めて手にしたものでしたが、これはすごい資料だと思いました。このように、すぐに教えてくれる先輩が周りにいたので、新米の私も何とかレファレンス質問・回答サービスに携わることができたのです。先輩方にいまも深く感謝しています。

かつての私のように先輩の助けを得られれば仕事に取り組むことができるでしょうが、いまそうした図書館は少ないのではないでしょうか。そこで、先輩の助けが得られない図書館に勤めてしまったらどうするか、について考えてみましょう。

まず、基礎の基礎として、しっかり身につけておきたいレファレンスツールがあります。それは、レファレンス質問・回答サービスになくてはならないツールです。一般的には、第1部第6章にある「図書館員が選んだレファレンスツール二〇一五」の結果表（表4）に載っている参考図書ベスト10と、データベースベスト10がそれにあたるといっていいでしょう。もちろん、それぞれの図書館では、地域資料の探索などで、これ以外のものもいくつか加わると思います。

例題を作る際には、過去の事例を参考にして考えて検索します。また、国立国会図書館の「レファレンス協同データベース」の事例も参考になります。十位までのレファレンスツールをひととおり学んだら、次に二十位のものまで広げてみます。それらをすべて学べば、どんな質問にも確実に回答できるようになるでしょう。ただし、レファレンスの質問・回答サービスで聞かれることは多岐にわたるため、すべてに応えられるわけではありません。できる範囲で、確実に回答できるようにしていき、順次、その範囲を広げていけばいいのです。私の場合は、先輩に「大串はある分野はよくわかるようだが、その範囲が狭いし、調べ方もワンパターンだ」とも言われました。それまで整理業務をきちんとやったことがなかったことが、多様な検索方法を駆使できない原因でした。何しろ、勤めたときから、レファレンスサービスと貸出サービス、地域資料、逐次刊行物の出納の仕事しかしていなかったのです。地域資料では整理を担当しましたが、扱う分類や件名は単純なものでした。

図書館員で研修担当になった人は、これまで述べたことを参考にして、例題付きの検索演習をまずおこなうと力がつくと思います。そのときは、自分の経験に加えて、「レファレンス協同データベース」の事例が大いに役立つでしょう。日頃、「レファレンス協同データベース」の新しい事例を読んでおくのも勉強になります。

国立国会図書館の「レファレンス協同データベース」への参加

さらにサービスを継続的かつ着実に向上させるためには、国立国会図書館の「レファレンス協同データベース」に参加することが不可欠です。これは、各図書館のレファレンスの質問・回答事例を中心に作られた参加型のデータベースです。個々の質問・回答の内容がキーワードで検索できます。その内容は、公開事例と非公開事例に分けられ、非公開事例は参加館だけが検索・閲覧できるようになっています。公開したくない事例や公開できないような事例は、非公開のデータベースに入れておけばいいのです。また、回答内容が不十分で公開できる水準にないものも、非公開にしておくことができます。すべての図書館が参加できる仕組みになっていますし、参加して活用すればよりよい図書館づくりに役立つでしょう。

このデータベースは、日本のレファレンスサービスの迅速化と質的な向上とに資するために作られています。活用しない手はありません。迅速化というのは、ほかの図書館での先行事例を参考にして、それを手がかりに調べれば、それだけ調べる時間を短縮できるということです。また、自館で資料を所蔵しておらず回答できない場合には、回答館に問い合わせて教えてもらえばいいし、自分の館ではこれだけしか調べられないが、もっと調べるには……、とデータベースを検索して、その先まで調べている事例が見つかれば、その館に問い合わせることもできます。

特定の地域に関する質問では、その地域にある図書館の回答事例、例えば大阪や京都、東京など多くの人が訪れる、また外国人も訪れる地域などの事例も参考になるはずです。ところが現状では、これらの地域の図書館が加入していないなどの問題もあります。それぞれに良質な地域資料室を設けてレファレンスサービスをおこなっているわけですから、ぜひ参加してほしいものです。

こうしたことは全国の図書館に当てはまります。地域の資料については、当該地域の図書館が最も充実していますし、質問件数も多いはずだからです。

日本の公共図書館のレファレンスサービスの再生は、すべての図書館が「レファレンス協同データベース」に参加することから始まるといっていいでしょう。

住民へのはたらきかけ

さらに、住民へのはたらきかけをおこなっていきましょう。書架図から始まる「調べる」ツールの整備と調べるための講座などの開催、さらに調べる学習のすすめなどです。

地域の課題についても図書館で調べてもらうように、地域の行政組織や団体などにはたらきかけていくべきでしょう。これは、日本の図書館の大半がこれまで取り組んだことがない領域なので、図書館員の研修などでワークショップをおこないながらプログラムを開発することになります。知的な創造活動の促進とも深く関わるものです。

児童・生徒の調べる学習などにも公共図書館は取り組むべきです。これは、学校教育、学校図書館との連携で語られることが多いのですが、それでは、主体は学校教育で、公共図書館はそれをフォローする立場という考え方にとどまってしまい、どちらかというと及び腰の姿勢になっているところが多いように感じます。しかし、こうした発想は誤っていると思います。図書館の基本的なサービスの一つは「調べる」に関するそれであり、これは体系的に組み立てられなくてはなりません。当然、成人に対するサービスだけにとどまっていては困るわけで、幼児期から「調べる」に関するサービスをおこなうべきでしょう。その積み重ねが、成人への調べるサービスへ結び付くことになるのです。

児童・生徒の調べる学習にどう関わるかについて、一つ目は資料や情報面からの関わりになります。公共図書館には学校図書館より多くの資料が所蔵され、より積極的な情報探索のためのサービスを提供しています。学校教育に対しても、より広い範囲のテーマに関する資料、情報と質問・回答サービスを提供することができます。

二つ目は地域資料、情報が豊富に所蔵されているため、より広く、またより多くの地域に関する質問・回答サービスや教材を提供することができる点です。

これらの特徴をふまえて児童・生徒の「調べる」ことへの誘い、すすめをおこない、また、教員の教育活動への資料面での支援を実施することになります。

そのためのさまざまな取り組みが、学校教育での「調べる」の活性化にも結び付くとともに、公共図書館を利用した児童・生徒が大学に入り社会人になっても、積極的に図書館を「調べる」ことに利用するようになります。

例えば、公共図書館でもポプラ社が提供するオンライン百科事典サービスである「ポプラディアネット」(http://poplardia.net/) や、学習研究社が提供する「学研デジタル百科事典プラス」(https://gk-zemi.jp/service/hyakka/) などのオンラインデータベースを導入して積極的に活用し、児童・生徒に使えるようにするのも一案です。

図書館として取り組むテーマにはビジネス支援なども考えられますが、それぞれの図書館が存在している地域の状況や利用者の関心のあり方などを検討して、必要度が高いものから設定して取り組んでいくのがいいでしょう。ただし、あれもこれもと数十のテーマを設定することはやめたほうがいいと思います。せいぜい二十もあれば十分です。それらのテーマの調べ方を、さらにほかのテーマにも応用していけばいいのです。また、新しい情報を付け加えて改訂していくことが必要ですが、それが負担にならないように四、五年に一度にして、その間に利用状況を検証しながら、必要性が低いテーマはやめて、新しいものを作るようにしたほうがいいでしょう。地域の状況も住民の意識も、時間の経過とともに変わっていくからです。

第3章　レファレンスサービス（質問・回答サービス）と情報源について

——最近の変化を中心に

1　変わるレファレンスツールを取り巻く環境

レファレンスツールを取り巻く環境は大きく変わりつつあります。何といっても、インターネット上の情報源の充実がその大きな要因です。日本でも、新たな情報政策「世界最先端IT国家宣言」の柱に、政府情報・地方自治体情報のオープンデータ化をあげています。これは一九九五年に開かれたブリュッセル情報関係閣僚会議で、G7が率先して取り組むべきプロジェクトとしてあげた「電子政府構想」の延長上にあるものですが、わが国の場合は、その取り組みがG7の諸外国に比べて遅れているという批判を受けてのことです。実際、ここ一、二年を見ると政府情報のデジタル化とオープンデータ化は進んでいます。政府情報は、レファレンスに活用できる多くの情報を含んでいます。それは、財務省や文部科学省、環境省などの中央省庁にとどまらず、国の独立法人にも及んでいます。さらに、政府は地方自治体のオープンデータ化の取り組みを支援することも掲げています。地方自治体にも多くのレファレンスに活用できる情報が潜んでいます。中央官庁の場合でも、こんな情報があったのかと気づかされることがありますが、これは地方自治体の場合も同じです。

また、既存の資料のデジタル化と、そのすべてではありませんが、全文検索ができるようになったことも付け加えておきます。レファレンスブック、例えば日外アソシエーツ刊行の各種レファレンスブックがデジタル化されて EBSCO Information Services Japan 提供の「NetLibrary (EBSCOhost eBook Collection) ――図書館向け電子書籍サービス」(http://www.kinokuniya.co.jp/03f/oclc/netlibrary/netlibrary_ebook.htm) で全文検索できるようになっていますが、これはその一例です。新しく出版された電子書籍も全文検索できるようになっていますが、これは最新の図書が全文検索できるという意味で、レファレンスサービスにとって有効です。インターネット経由で商用オンラインデータベースが検索できるようになったことも、検索のスピードアップに大いに貢献しているといえるでしょう。

さらに、図書館や博物館などの資料のデジタル化もあげておかなくてはなりません。これも国際的なレベルでのデジタル化が進んでいます。日本の博物館などの取り組みは遅れているように思われますが、海外のサイトで検索・閲覧できる資料の数は増えています。それは、文字資料だけでなく図版や絵画、音源、動画などマルチメディアに展開していて、さらに検索エンジンの高度化、つまり従来の検索エンジンでは検索できなかったものもできるようになりつつあります。

学術関係では、学術論文や研究素材などのデータベースとオープンアクセスがすすんでいます。印刷物だけだった時代と現在を比べてみると、その違いは以下のようになります。

印刷物だけの時代

レファレンスブック（辞書・事典など＋書誌類）
＋一次資料（本＋雑誌＋新聞など）
＋事例や事実などの概要が件名・キーワードなどの五十音順などで並べられたカード群
＋所蔵した資料を一枚ずつ記載したカード
＋ノート＋台帳群
＋調べ方などを記載したマニュアル
＋所蔵資料と利用方法を記載したレフェラル情報源（※「レフェラル」とは、特定の事柄などについて自館の資料などでわからなかったときに、そのことがわかるであろう資料を所蔵している図書館などに「照会する」という意味です。）

さらに、レファレンスの事例を記載したシートや記録、インフォメーションカードなどもこれらに加えていいでしょう。

現在

前記の印刷物だけの時代のものに加え、インターネットの情報ツールが加えられたことで以下のようなものになっています。

＋それらをデータベース化して検索できるようにしたもの
＋インターネット上の各種データベース
＋インターネット上のサイト・ページ
＋印刷物がデジタル化されインターネットで全文検索できるようにしたもの（書誌＋辞書・事典など＋一次資料など）

以上のように変化しています。

デジタル化されたツールは着実に増えているし、ネット上の各種データベースも増えています。

また、「事例や事実などの概要が件名・キーワードなどの五十音順などで並べられたカード群」「所蔵した資料を一枚ずつ記載したカード」「ノート＋台帳群」「レファレンスの事例を記載したシートや記録、インフォメーションカード」などはデジタル化され、コンピューターのなかでデータベース化されているものが多くなっています。

2　国立国会図書館の取り組み

デジタル化資料とレファレンス

　国立国会図書館は、資料のデジタル化を進めています。合冊された雑誌なども含めて一千万点がデジタル化される予定で、二〇一七年末には、二百万点弱が公共図書館でも検索・閲覧できるようになるでしょう。もちろん館内でもデジタル化されたものを検索・閲覧できるようになりつつあり、従来よりも迅速な閲覧が可能になっています。

　これらのなかには解像度の問題で、拡大しても細かい部分まで読み取ることができないものがあります。その場合は、一応どのような資料かインターネットや館内のコンピューターで確認して、現物を閲覧するという方法で確認すればいいでしょう。以前に比べれば大変なサービスの向上といえます。

　ただし、いまのところデジタル化された資料の全文検索はできません。目次などの検索になります。今後、全文検索できるようになればレファレンスのツールとして一層役立つものになるでしょう。

「レファレンス協同データベース」とレファレンス

「レファレンス協同データベース」は引き続き参加館が増えていて、レファレンスの件数も増えています。困ったときに手がかりを得られる有力なツールといえます。

これを活用するとさまざまなことがわかりますが、中小図書館や学校図書館などでは、回答が見つかったと記載されている資料を所蔵していないところもあります。今後は、問い合わせに対して該当資料のコピーの送付の迅速化などが課題になると思います（著作権法の改正も視野に入れた議論も必要になるでしょう）。

さらに、これを活用した図書館でのレファレンスサービスの効果、有用性、優位性についても広く国民に理解を得ることも求められるでしょう。

例えば、インターネット上にある質問・回答サービスと比較して、図書館の回答事例はさまざまな資料を参照して回答しているという特性、優位性があります。インターネット上にある質問・回答サービスでは、傾向として、一つの資料だけで回答している事例が多く、さらに問題なのは回答の根拠となる出所が明示されていないものもあります。

図書館の例では、次のような回答事例があります。

質問は「「獺祭書屋」は何と読むのですか？」という簡単な事実調査ですが、国立国会図書館の「レファレンス協同データベース」によると、回答事例は近畿大学中央図書館が二〇〇六年に作成したもので、さらに二〇一一年に追加修正を加えたものです（管理番号：20061206-2、事例作成日：二〇〇六年十二月六日、登録日時：二〇〇六年十二月六日十八時三十五分、更新日時：二〇一一年二月九日十六時二十五分）。回答の内容は、次のようになっています。

回答

「だっさいしょおく（だつさいしょおく）」

漢字の読みを調べるには漢和辞典を使うのが一般的であるが、国語辞典である『日本国語大辞典』には、漢字索引がある。

まず、「獺祭」が「だっさい」と読むことがわかった。

「だっさい　獺祭」を引くと、「だっさいぎょ（獺祭魚）の略。」とあった。

「だっさいぎょ　獺祭魚」を引くと下記の記述があった。

①（「礼記－月令」の「孟春之月、獺祭魚」から）獺《かわうそ》が、とらえた魚を食べる前にならべておくのを、魚をまつるのにたとえていう語。

②（唐の李商隠が、その詩に非常に多くの典故を用いたのを①にたとえられたことから）詩文を作るときに、多くの参考書をならべひろげること。また、詩文に故事を数多く引用すること。

『広辞苑』には、下記の記述があった。

「だっさい　獺祭」

①カワウソが多く捕獲した魚を食べる前に並べておくのを、俗に魚を祭るのにたとえていう語。

②転じて、詩文を作るときに、多くの参考書をひろげちらかすこと。正岡子規はその居を獺祭

書屋と号した。

『俳文学大辞典』の「正岡子規」の項を確認した。

雅号として「獺祭書屋主人《だっさいしょおく》（評論）」とあった。

回答プロセス

『日本国語大辞典』別巻の漢字索引を調べた。

『広辞苑』を調べた。

『俳文学大辞典』を調べた。

これは簡単な事実調査ですが、いくつものレファレンスブックを参照して回答していることがわかります。

こうした図書館の回答内容は、より複雑な質問ではなおよりよい効果を利用者にもたらします。さらに、対立する意見や見解がある質問には、それぞれに探求して回答している事例も少なくありません。

他方、インターネット上にある質問・回答サービスでは、例えば図書館学のレファレンス演習問題としてテキストにあった「「廻転鳥」の読み」については、十年ほど前にネット上の質問・回答サービスのサイトに、いくつもの「読み」が寄せられました。この事例では、すべて根拠となる資料は示されていませんでした。「レファレンス協同データベース」では、次の回答事例があります。
香川大学図書館が提供した回答で、事例作成日：二〇〇五年八月三十一日、登録日時：二〇〇五年八月三十一日十一時二十二分、更新日時：二〇〇五年十二月十二日十六時六分で、質問は、「「廻転鳥」の読みを知りたい」です。回答は、以下のとおりです。

回答
「うぐいす」と回答
回答プロセス
「難訓辞典／中山泰昌編」東京堂出版、一九五六に記載有り

なお、これは、調査したが回答を見つけることができなかったという香川県立図書館の回答事例とあわせて読むと、図書館がいかに各種資料を参照しながら探索しているかがよくわかります。香川大学図書館の回答内容にはすぐにわかったように書かれていますが、実際は、香川県立図書館の回答事例のように各種のレファレンスブックを参照しているものと見ていいでしょう。
香川県立図書館の回答内容は次のようなものです。

香川県立図書館、事例作成日：二〇〇四年七月二十四日、登録日時：二〇〇四年七月二十七日十二時十分、更新日時：二〇一六年四月二十九日八時三十一分

質問　「「廻転島」の読み方を知りたい」

回答

下記資料を見たが発見できず。

・難読語辞典　音訓引き 日外アソシエーツ辞書編集部／編 日外アソシエーツ 一九九三・七

・あて字用例辞典　名作にみる日本語表記のたのしみ 杉本つとむ／編 雄山閣出版 一九九四・一

・当て字の辞典　日常漢字の訓よみ辞典 東京堂出版編集部／編 東京堂出版 一九九一・六

・宛字外来語辞典　宛字外来語辞典編集委員会／編 柏書房 一九九一・二

・大漢和辞典　諸橋轍次／著 大修館書店 一九八九

・日本国語大辞典　日本国語大辞典第二版編集委員会／編 小学館 二〇〇〇・十二

・図説日本鳥名由来辞典　菅原浩／編著 柏書房 一九九三・三

なお、それぞれの回答内容を読むと、回答が見つかったレファレンスブックの書誌事項とともに、記述があるページ数も明示してあるとさらに信頼度が増して、よりいいものになったと思います。加えて、希望としては、レファレンスブック、例えば辞書の探し方、五十音順の索引で調べたとか、文字の画数で調べたなどまで書いてあると、利用者が調べようとしたときの優れた参考事例になるでしょう。

ともあれ、ここで一例として示した図書館の調査、回答の長所、優位性をもっと国民に周知すべきだと思います。それがレファレンスサービスの発展につながるからです。

3　各図書館作成の事例集

前記とは別に、各図書館では事例集を作成しています。また、それらの一部はネット上にアップされ検索できるようになっています。地域に関するものが多く、各種観光サービスへの支援という観点からもおこなわれています。

地域の課題解決への支援という面から、事例そのものの調べ方の案内もアップされています。通常、パスファインダーと呼ばれていますが、この用語は住民や利用者にはわかりにくいということで、「調べ方案内」などの用語をあえて使っている図書館もあります。

また、調べ方案内を特定テーマに関するものに限定している図書館があります。一方で、図書館が所蔵している図書や雑誌、新聞、行政資料、地域資料などの資料の形態に即して、調べ方、探索方法を案内している図書館もあります。

これは図書館の利用者の立場に立って考えるべきものでしょう。図書や雑誌などの調べ方も含めて、調べ方案内とするほうが利用者にはわかりやすいかもしれません。

調べ方案内は、都道府県立図書館を中心に取り組まれています。

学校教育の支援という観点から、教科書の単元などで取り上げられているテーマについて調べ方案内（パスファインダー）を作成している図書館も、徐々にですが増えています。

地域の資料についても各図書館で取り組みが進めば、サービスの向上と効率化、さらには利用者の「調べる」能力の向上に結び付くでしょう。

なお、利用者向けの調べ方案内を作成する前に、まず図書館員自身のための調べ方マニュアルを作成するべきかもしれません。

4　依然として低調なサービス

インターネットの普及によって、ネット上のデータベースなどで調べることができる範囲が広くなったことも大きな要因ではありますが、残念ながら日本では、質問・回答サービスは一部の図書館を除いて低調です。これにはほかの要因もあるでしょう。

例えば、相談カウンターの位置が利用者からわかりにくい、図書館のなかを探さないと見つからない、ということがあげられます。現に、入り口に総合カウンターを置いている図書館では、日曜日は人だかりができるほどに利用者が来ているところもあります。

気軽に声をかけることができるように相談カウンターを入り口近くに置くことは、相談件数を増やすうえで欠かせません。ただ、それだけでなく、本棚の間で配架などをしているときによく声をかけられます。こうしたことにも対応できるようなツールの整備や職員の訓練をおこなう必要があるでしょう。ボランティアや臨時職員などにも研修が欠かせません。さらには、業務委託の職員などとも一体的な対応ができるような工夫が必要です。一部の図書館では、委託契約との関係からか、カウンターと本の配架などの委託を受けている会社の職員が、利用者から配架作業中に声をかけられることを嫌うそぶりを見せるところも見受けられますが、これは委託会社などの職員が、利用者からの質問に直接回答してはならないということがあるからとも推測されます。

また、地区館や分館などを配置している自治体では、そこでの質問の受け付けに消極的なところもあります。理由として、地区館や分館などでは、資料数が少ない、多くの職員が嘱託・非常勤である、などがあげられるようです。なかには質問・回答サービスに取り組まない、質問を受け付けない、というところも見られますが、早急に改善すべきです。

そのためのツール・マニュアルの整備や、配架されている本の組み替えなどをおこなうべきでしょう（ちなみにそうした図書館では、入り口に雑誌が並べられ、文庫本や文学書が次に見えるところにあり、レファレンスブックなどはいちばん奥の目につかないところに置かれている、というところが少なくありません。雑誌は奥に置いて、レファレンスブックなどは入り口近く、カウンターの隣に置くべきではないでしょうか）。

そもそも、調べ方案内や研究・調査方法を書いた本などを置いていない、または数が少ないという地区館や分館が少なくありません。これも取り組みに消極的なことを示すものですが、調べ方案内、調べる方法、インターネット情報源の検索方法などを書いた本は各館に必ず置くようにしなくてはなりません。これは住民の情報活用能力、調べ方の能力向上のためにも欠かせない取り組みといえます。

5　今後のレファレンスサービスの向上に向けて

大学図書館では、レファレンスサービス（情報サービス）の高度化を図らなければなりません。そのためには、大学の学部や学科の専門分野の主題専門レファレンス担当職員の養成が不可欠です。また、レファレンスツールの充実、特に各種レファレンスデータベースの導入と充実が必要でしょう。さらに、機械翻訳の導入と充実、特許の将来予測システム、これから開発されるであろう人工知能を活用したレファレンスツールの導入なども早急に検討すべき事案です。

ラーニングコモンズ（学生の学習支援を意図して図書館内に設けられた場所・施設）を設置した大学では、コモンズを活用した学習・研究支援のサービスプログラムの開発と実施も必要でしょう。なお、図書館の利用やサービスのレベルが低い大学図書館も目につきます。こうした大学図書館では、基本的なサービスシステムの構築から始めなくてはならないでしょう。積極的な取り組みを期待します。

一方、公共図書館では、住民のさまざまな活動を支援するためのレファレンスサービスを開発・実施すべきでしょう。住民は地域でさまざまな活動をしています。これらを支援することは、公共図書館の基本的な役割といっていいと思います。

具体的には、まず、地域の課題解決支援サービスがあげられます。周知のように、ビジネス支援、地域伝統産業支援、農業支援、医療健康情報の提供、行政支援、子育て支援、法律情報の提供などがあります。これらは地域の実情と住民の要望をふまえて取り組まれるべきで、例えば、地域の特性をふまえた観光支援なども考えられます。いずれにしても、地域住民の仕事・生活の課題・問題解決支援サービスという広い視野から、個別の課題を抽出して取り組むべきでしょう。

さらに、発展形として、町内会報作成支援、我が家の写真アルバム作成支援、絵本作成支援、パンフレット・リーフレット作成支援、電子本作成支援、調査・研究レポート作成支援、発達段階に合わせた「調べる」能力の向上支援なども検討すべきかもしれません。

特に、「調べる」能力の向上支援は、住民や利用者のレファレンスサービスへの理解を高めるためにも積極的に取り組む必要があります。それは、小学校から高校の児童・生徒、大学生、社会人、それぞれにきめ細かに設定しておこないます。小学生から高校生には、学校教育と連携しながら、小学一・二年生、三・四年生、五・六年生、中学校、高校と、教科書の単元に合わせてプログラムの開発をおこない、実施します。大学生では、最近教育方法として注目されているコミュニティーラーニングなどは、図書館として取り組むと効果があるものと思われます。社会人に対しては、先にあげた各種の課題に対する「調べる」方法の案内とともに、オンラインデータベースやインターネット情報源の検索方法などのレファレンスを日常的におこなうといいでしょう。館内で毎日、来館者を対象とした短い時間のレクチャーなどをおこなうのも一案です。

専門図書館などのレファレンスサービスもさらなる向上・発展が必要だと思います。

第4章　学習、読書、地域などのサービス・活動

1　知的な創造方法と新たな学習方法への取り組み

コンピューターの情報通信ネットワークが社会の基盤になり、知的創造の方法にも新たなものが加わり、同時に学習面にも新たな方法が加わります。この新しい学習の方法と、新しい知的創造の方法には、密接な関係があります。それは、両者ともネットワークに対応した方法である点です。

知的創造の方法というのは、すでに述べたようにネットワーク上での知識・情報の出合いによって新たな知識・情報が生まれるということです。現実の社会であれば、人と人との出会いによって新たな知識・情報が生まれることを意味します。そこでは、インターネットのネットワーク上での出合いと人と人との出会いが組み合わさり、新たな知識・情報が生まれていくのです。図書館は積極的にこの受け皿になって、知識・情報の出合いと活用を推進すべきでしょう。

一方、学習の方法では、みんなで協力しながら学習する「協働学習」という方法が推奨されるようになりました。とりわけ調べる学習ではアクティブラーニングが有効、成果をあげるものとされ、また、地域について調べて学ぶコミュニティーラーニングも推奨されるようになってきました。これらは、小学校から大学まですべての教育段階で取り入れられつつあります。もちろん、公共図書館でもアクティブラーニングやコミュニティーラーニングを取り入れる必要があります。一人静かに調べる、学習することも大切ですが、みんなで協力して調べたり学ぶことができる空間と、そこで住民が自主的に活動できる態勢が保証されなければなりません。

こうした取り組みを実現するためには、図書館には静かな空間ばかりでなく、人の声やほかの部屋のざわめきが流れ込む中間的な空間、人が話し合いながら調べたり学んだりできるにぎやかな空間という、三つの空間が標準的に装備される必要があります。従来の日本の図書館には、閲覧室もいらないという考え方がありましたし、閲覧室があってもそこでは「静かに！」というのが常識になっていました。この「静かに！」というのは、日本全国の図書館にあまねく行き渡っています。そこににぎやかな空間を組み込むのは無理があるでしょう。それでも比較的広い図書館では、一定の改修をおこない、人が語り合える空間を設置すべきですし、これから建てる図書館では静かな空間、中間的な空間、にぎやかな空間という三つの空間を作るべきだと思います。

声を出して調べたり学び合う空間では、図書館員が積極的に特定のテーマに関して、調べる、学び合う方法を利用者にすすめたり、住民が自主的なサークルやグループを作って、図書館でみんなで調べる、学び合うことを推奨すべきです。また、学校の生徒や大学生たちには調べ学習や研究活動などで図書館を使うようにはたらきかけることも必要でしょう。

小学生や中学生、高校生には、それぞれの成長期にふさわしい調べる学習を公共図書館で体験できるように、また、夏休みなどの自由研究でも積極的に図書館を活用するようはたらきかけるべきでしょう。もちろん、学校の先生方にも図書館の活用をはたらきかける必要があり、そのためにはまず、校長先生に話をするのが効果的です。そして当然ながら、こうした活動をする前に、教科書を読む、地域の行政課題などを学ぶことを図書館員自身がやらなければなりません。学習指導要領も読んで、どのような単元や課題があるかも頭に入れておくのがいいと思います。

特にコミュニティーラーニングについては、公共図書館が積極的に協力すべき事柄だと思います。具体的には、小学校から大学まで、それぞれに課題が設定されているので、それらの課題を事前に把握して準備をします。大学では、地域との関係を視野に入れた学部と学科が次々と新設されていますので、そうした学科の先生方にアプローチしてシラバスを入手する（これはかなりの程度インターネットでも公開されていますが）のが第一歩です。さらに、実際の学習方法を知り、スケジュールを知る。そして図書館を活用してもらうよう提案する、そのための資料を充実させておくこともおこなうべきでしょう。

もちろん、大学ばかりでなく、小学校や中学校、高校にも同じことがいえます。シラバスを公開している府県は少ないでしょうが、教育委員会を通じてコンタクトすれば、域内のシラバスを閲覧することができるところもあります。時期も重要ですので、先生方にコミュニティーラーニングのスケジュールを教えてもらうようにするといいかもしれません。

また、先生方に図書館に来てもらって、実際にどのような資料、知識・情報があるのか、どのように検索して使えるのか、どのようなサービスがあるのかなどについて知ってもらい、可能なら研修の一コマに組み込んでもらうのもいいでしょう。たくさんの本があるところで調べる体験をすることが、生徒の将来の学習に役立つものになります。私が教えていた学生たちを例にあげると、公共図書館を使った経験をもっている学生ほど大学図書館をよく使う傾向にありました。

2 読書の重要性について

読書の重要性が見直され、これからの図書館は読書の振興にこれまで以上に力を注ぐことが求められると思います。従来のような「楽しみ」ばかりの読書のすすめではなく、医学的・心理学的な研究成果に加えて、福祉分野の学問的な研究成果にも学んで、新たな読書プログラムの開発と実践が必要になります。例えば、最近の医療・福祉関係の研究では、高齢者への読み聞かせや音読が認知症の予防に効果があることが明らかになっています。また、障害者の読書についても、最新の技術を活用したサービスの開発が求められていくでしょう。

子どもの読書については、日本でも新しい取り組みが進められています。これについて、二つの視点から考えてみます。

ここでは、「読書」ではなく「本を読む」という表現を使います。というのは、日本人は「読書」と聞くと、物語を読むものと思ってしまい、本来の意味の「読書」から遠ざかってしまうからです。

まず、人間の発達段階は次のように分けることができます。

①ゼロ歳から三歳までは、人間の成長にとって重要な時期です。

②四歳から十二、十三歳は物語を楽しむことから知識を求める時期で、特に小学校高学年では知識を吸収する欲求が強くなります。

③十三、十四歳から十八歳は、知識とともに論理性も身につける時期です。

また、四歳から五歳の時期に、生涯にわたる学習意欲の基礎が形成されます。

ここでは、②③について考えてみましょう。

②の知識をほしがる時期には、知識に関する本が容易に手にできる環境を整えるべきです。地域では、図書館がその中心になって、本を手にする〈すすめ〉、本を読む〈すすめ〉をおこなうべきでしょう。その環境を整える手がかりになるのが、教科書です。教科書で学ぶ事柄に関する本をすすめること、またその準備として、教科書の単元に関する本をリスト化することが第一歩といえます。次に、自由な読書に導くことを目指して、それぞれの年齢の児童・生徒が関心をもつ事柄についての本のリストを作成しましょう。

さらに、精神面で社会的な経験を深めるべき事柄に関する本のすすめ、関連リストの作成と続きます。これは、むしろ親が読んで、本の読み方を教え、内容をより深く理解するよう子どもを導いていくための作業といえます。

③は、知識の本と論理的な思考を育てる本、そして物語などをバランスよくすすめる時期になります。これらについても、本を読むことをすすめるプログラムの開発が不可欠です。もちろん、社会的な経験を深めるなかで、精神的な面での成長を促す本のすすめも必要です。

こうした年齢別の知識に関する本のすすめは教科書の単元が参考になりますが、OPACで検索できるようになるとさらにいいと思います。

私が図書館を視察したなかで、青森市民図書館のOPACは、普通のOPACと違っていました。著者名、書名など普通のOPACの項目の下に、小学校三・四年、小学校五・六年、中学生、高校生というボタンがあって、例えば、小学校五・六年にチェックデジットを入れてキーワードで検索すると、小学校五・六年の生徒たちが読むのにふさわしい本が出てくるようになっています。私が全国を回ったなかでも、ここだけの経験でした。これは生徒たちが自分で本を探すときだけでなく、親が読ませる本を選んだり、子どもに聞かれてさらに詳しく知りたいときなどにも大変役立つものといえます。こうしたOPACが、全国の図書館や公共図書館だけでなく、学校図書館にも標準装備されるようになってほしいと思います。

次に、「読む」という行為については、①物語を楽しむ読書、②知識を得るための読書、③調べることをすすめるための読書、④精神的・社会的な経験を広げるための読書などがあると述べました。また、それぞれの年齢に応じて本を読むプログラムを開発する必要があります。そのためには収集に関するツールやリスト、考え方が不可欠です。

特に③の調べることをすすめるための読書は、調べ学習と結び付けて開発すると効果が高いものになるでしょう。②と④も、学校で学ぶ時期に合わせて本の紹介やブックトークなどをおこなうとより多くの児童・生徒に参加してもらえる可能性があります。

一部の県立図書館では、児童・生徒に対してサービスをおこなっていないところがありますが、児童の読書の重要性を考えれば、早急に直接サービスも含めた取り組みに着手してほしいものです。

さらに高齢者や障害者についてのプログラム開発や新技術を使ったサービスの開発なども求められます。

講座の開催にあたっても、従来のように子どもの本の読み聞かせをしたり、ブックトークをおこなうなどのほかに、読書についての最新の研究成果を紹介したり、知識の本や科学の本の読み方やその面白さを伝える内容を考えていくべきでしょう。また、ボランティアの養成にあたっても、初級・中級・上級と分けて、それぞれの段階にふさわしい内容にするなどの工夫も必要です。

何といっても、これらを推進する図書館員が、理論的に、かつ実践的に最新の成果を学ばなければなりません。これは単に日本の状況についてだけでなく、広く海外に目を向けて学ぶ必要があるでしょう。

3　地域との関係について

地域の課題解決支援サービスは、地域の実情をふまえて、住民の関心と図書館で取り組むことが可能な条件を勘案して、テーマを選んでいきます。ビジネス支援サービスがメディアの注目を集めているからという理由で安易に取り組むのは、やめたほうがいいでしょう。郊外に立地している県立図書館でビジネス支援サービスを始めたところ、あまり利用されず結局撤退した例がありますかなりの数の図書館が、実は同じ失敗を経験しています。

一方、児童サービスや子どもの読書に積極的に取り組んで成果をあげている県立図書館もあります。地域産業、地域商業、医療健康情報、行政情報、ビジネス支援、法律情報、地域情報など、図書館が提供できるサービスにはさまざまなものがあります。個人的には、地域情報にいままで以上に取り組んでほしいと思っています。地域資料は保存が優先されているのですが、その活用はあまり進んでいません。私は二十年ほど前にボストン公共図書館を訪れた際、地域資料室で、地域の写真を手にしながら老人が孫とおぼしき少年に写真について説明しているのを見かけました。ボストンの図書館では地域の写真を大判のモノクロで出力して、それをキーワード順にフォルダに収納し、自由に取り出して見ることができるようになっていました。返すときは、バインダーの下の袋に投げ込んでおけばいい仕組みです。私は見た写真のなかにほしいものがあったので、これがほしいと申し出ると、笑顔ですぐに渡してくれました。

同じように、図版がフォルダー別に整理されている図書館（図書室）は、実は日本にもあります。東京にある国立博物館です。ここの資料室は大きなものですが、バインダーがずらっと並んでいて、なかの図版を自由に引き出して見ることができるようになっています。実に利用しやすく、江戸・東京関係の図版の多くをここで調べることができます。

次に、地域の各種施設、組織、団体との連携について見ておきましょう。図書館の取り組みとしての連携事業が最近注目を集めている背景には、①図書館が本を仲立ちとして地域の活動と結び付く動きがメディアなどの注目を集めてきたこと、②ネットワークが広がり、地域の各種施設との意思疎通が容易になってきて、これまではまったく関係がないと担当者が思っていた施設ともつながりがあることがわかり始めたこと、③MLA連携など、地域の知的資産を活用しようという動きが各地で始まっていること、④地方自治体の財政難を背景に効率的な施設運営が模索されていること、⑤コンパクト・シティなど地域の施設を集約して相互に助け合い良質なサービスを提供しようという取り組みが進んでいること、などがあると思います。

図書館から見ると、知的な創造、調べる、読書という図書館が提供するサービスには、地域施設や団体、住民との連携が必要です。もちろん、それぞれに内容が異なるため、図書館としては、各担当を決めて連携を進めることになるでしょう。

例えば、読書なら、地域の公民館や家庭文庫、学校との連携が不可欠です。子どもが親と行動できる範囲を考えると、車があったとしても、自宅近くで読書ができる、あるいはイベントが開催できるような施設があったほうがより気楽に利用できます。その意味で、公民館での読書の取り組みや家庭文庫などの地域の団体や組織との連携・協力は重要です。学校図書館との連携も進められるべきでしょう。

調べることや知的な創造という面でも、地域の団体や組織との連携は欠かせません。図書館と図書館員がすべての事柄や分野をカバーするのは無理があります。地域の団体・組織・個人の協力を得て、イベントの開催などを進めます。同時に資料や情報面でのアドバイスなども求めることができます。また、テーマによっては、図書館での相談サービスを実施することもできます。

幼児に対する取り組みでは、地域での良質な養育環境整備の一翼を担うという役割をもつため、密接な連携が求められます。児童・生徒に対しても、学校教育だけに任せるのではなく、図書館としての主体的な取り組みを通して教育現場との連携を深めていくことが求められています。これらは、理論面を整備していくことを含めて、これからの日本の公共図書館の課題ともいえます。

図書館員としては、「地域に学ぶ」ことが必要なのはいうまでもありません。資料の充実やサービスの向上も、地域に学んだことを糧に進められます。館長が図書館の顔になることで、多くの地域の団体、組織、個人との関係づくりがスムーズになり、より強い結び付きを築くことができるでしょう。

4　図書館は住民自治の施設である

これからの日本の公共図書館は、図書館は住民自治の施設であるという原点に立ち返る必要があります。図書館の運営・サービスのうち、住民が担うことができる部分は積極的に住民に担ってもらうようにすべきでしょう。

前述したように本と知識・情報と住民を結び付ける活動などは、住民が積極的に担う事柄の一つといえます。そのために、図書館を大いに活用すべきです。

図書館の多目的ホールなどを利用して、映画会、演劇のパフォーマンス、一筆書きの会、折り紙の会、紙飛行機を作り飛ばす会、情報検索のレクチャー会などさまざまな形のイベントを開催する。こうした活動のために、住民はもっているスキルを発揮すべきでしょう。バレエ教室や音楽教室、コーラスグループなどが図書館のホールで発表会を開くのもいいでしょう。そのときの約束事は、必ず図書館の本や情報を内容に即して紹介することと、誰でもが参加できるようにするということです。

例えば、コーラスグループが発表会を開くときに歌の歌詞や解説が載っている本を紹介する場合、その本を発表会場の出入り口などに置いて、多くの来場者に図書館の本を手に取ってもらうようにする。こうした取り組み、つまり住民が本と知識・情報を通じておこなうさまざまな活動を重ねていくことが、新しい地域の図書館文化を創造することにつながります。

住民が図書館と協力して、図書館内のオープンスペースや多目的室を活用する協議会を立ち上げ、運営していくことも積極的にすすめるべきでしょう。これは二〇一六年にライブラリー・オブ・ザ・イヤー大賞を受賞した伊丹市立図書館で実践されていることでもあります。そこでは開かれた図書館運営とともに、開かれたイベントの開催も目指しています。以前、私が一階のホールで講演したときも、来館した人は誰でも聞くことができ、時間がたつにつれて立ち見の人だかりができる状態でした。誰でも参加できるというのは、図書館の理念を体現したものです。

大学に勤務していたとき、社会教育の施設の責任者を三年務めたことがありました。各種講座を開催していたのですが、講師にも受講生にも、大学図書館は誰でも利用できるので、関連の本などは積極的に活用してくださいとすすめたにもかかわらず、残念ながらあまり利用されませんでした。社会教育の講座は一般社会に開かれているようで実は閉鎖的で、講師は固定した受講生との親密な関係を維持していくことを好んでいるように感じました。

また、住民が図書館サービスの一端、または全部をボランティアとして担うことも考えられます。住民のなかに司書の資格をもつ人がいれば、専門職として活躍してもらうこともできます。日本ではまだ司書の専門職制度が確立しておらず、社会的な評価と地位も残念ながら低い状態にとどまっています。いつでも、どこででも専門職として処遇されることが将来実現するといいですし、現在資格をもっている人がその資格を生かして仕事をすることが期待されます。もっとも、アメリカ図書館協会の指針では、ボランティアは図書館の基幹的な仕事には従事できないことになっています。

日本では、レファレンスサービスは専門職がおこなう基幹的な仕事と一般的に理解されています。これは基本的には間違っていないと思われますが、アメリカではボランティアにレファレンスサービスを担ってもらうところもあるようです。

例えば、ワシントンに住んだことがある私の教え子の話ですが、彼女が公共図書館にボランティアをしたいと申し出たところ、履歴書を持ってくるように言われて持参したそうです。その履歴書に、日本の大学で司書の資格を取得したと記載したところ、担当者からあなたにはレファレンスを担当してもらいますと告げられて、レファレンスのカウンターでボランティアをおこなったそうです。これはアメリカでは司書の社会的な地位が確立しているからだと思います。

さらに、住民が図書館運営やサービスの評価などに関わることは、一部の図書館に限られることではなく、さらに広い範囲でおこなわれる必要があると私は考えています。

付：私の図書館との関わり

大学卒業間近の二月、大学事務局から必修だった体育実技二単位が足りないので卒業できないと告げられ、そのことで親の怒りを買い、卒業までに何か資格を取るように言われて取ったのが司書の資格でした。それが、私の図書館で働くことのはじまりでした。当初は博物館学芸員の資格を取ろうとしたのですが、五月連休明けの授業で三十五ミリの映写の実習があって、私が映写したとき、ピントが合わないのはなぜかと教授から聞かれて、目が悪いからと答えたところ、それでは学芸員は無理だと告げられました。ほかに取れる資格として、司書だったら空きがあると言われ、司書の授業に回してもらったのでした。将来は物書きとして仕事がしたいとも思っていたので、就職活動もしていませんでした。

正直にいうと、私は図書館についていい思い出はありません。むしろ悪い印象です。というのも、私は幼稚園でひどいいじめにあって、地元の小学校に行くとまたいじめられると心配した両親が遠くの学校に通わせることにしたのです。学校では、まずどのようにしていじめられないようにするかが最大の関心事でした。誰とでも仲良くする、目立ったことはしない、クラスなどで対立することがあれば多数派につく、先生には近づかないといった具合で、クラスにはあまりなじめなかったので、休み時間はいつも図書館に行っていました。何をしたいということもなく、いつも一人でぼんやりしていました。自分が図書館の片隅にいるというのは、暗いイメージがつきまといました。それに国語の授業は嫌いでした。先生に指名されて教科書を読むと、きまってひそかな笑い声が聞こえたからです。理由がわからないこともあり、いつの間にか、読むことが苦痛になり、苦痛になるとさらに読むのがへたになって時間がかかる。先生も読むことに時間を費やすのは面白くなかったのか、私はいつのまにかあまり指されなくなりました。小学校の高学年になってから知ったのですが、私の両親、特に母は九州・佐賀の片田舎で育ったためか、自宅で佐賀弁を駆使していました。この影響で私のアクセントや発音が東京近郊のものとは違っていたのだと思います。だからクラスメートに笑われたのかもしれません。読書感想文、これも駄目でした。四年生から読書感想文を書く授業が始まったのですが、四年生のときは親がすすめる本を読んで、その本自体が先生のお眼鏡にかなったのか、作文は褒められました。五年生のときは、「最近読んだ本でいちばん好きな本について書きなさい」というものでした。私は、家の近くにあった古本屋の店頭に積まれた少年少女向けの講談本を一山買ってもらって、それを枕元に積み上げて愛読していましたので、そのなかからいちばん気に入っていた『そろり新左衛門』の感想文を書いたのです。これは先生の不興を買って職員室に呼び出されて、お説教をもらいました。五年生にふさわしい本を読むように、ということでした。

さすがに大学に行くという時期になると、このままではいけない、自分を変えていかなくては、と考えました。選択肢は二つ、一つは誰も知る人がいない土地でやりなおす、もう一つはいじめられたことに向き合って、それを人に伝えることができる文章表現力を身につける。北海道教育大学釧路分校に行くか、あるいは文章表現力をつけるために早稲田大学文学部に入るかという選択肢を自分に課しました。悩んだあげく後者を選んで、一年間浪人生活をして早稲田大学文学部に入学しました。その後、学内の文学サークルに入るとともに、東京・東中野にあった日本文学学校に通って、そこで知り合った詩人長谷川竜生が主宰する月曜詩会というサークルに参加することができました。学園紛争の時代でもあり、あまり大学には行きませんでした。それで卒業時に二単位不足ともなったのですが……。

小・中・高校で身につけた生き方は社会に出てからも変わりませんでした。ですから、図書館との関わりでも、特に目立った行動をとったり、意見を述べたりすることはありませんでした。対立する意見に出合うと、両方の意見をよく聞いて徹底して調整を図るというスタンスでしたし、何よりそうした対立する場に居合わせないようにするのが基本でした。それでも、多少は巻き込まれたことはありましたが……。本書の第1部の内容には、以上のような個人的な体験や事情が背景にあり、反映されてもいると思っています。

あとがき

図書館に関する本を最初に書いたのは一九八五年、『図書館政策の現状と課題』でした。八〇年に東京都から財団法人特別区協議会調査部に派遣されて、東京・九段下の俎橋のそばにある東京区政会館の行政専門資料室で仕事をしていました。そこへ学生時代に出入りしていた、東中野にあった日本文学学校の事務局にいた知人が遊びにきて、この近くに青弓社という出版社があるから遊びにいこうと誘われ、ビルの二階にあった青弓社に行きました。そこで紹介されたのが矢野恵二さんでした。それから、近くだったことと何となく気が合ったこともあって、たびたび昼休みに遊びにいきました。あるとき、矢野さんが「図書館の本を出したいと考えています。大串さん、書いてくださいませんか?」と水を向けてきました。当時、司書の一人専門職として図書館の勉強をしていたので、その成果を本にするのも悪くはないなと思い、企画書を書いて出しました。「これでいきましょう」ということになって書いたのが『図書館政策の現状と課題』でした。

まず、全国の地方自治体の中央図書館に、図書館の政策への取り組みについてアンケートを送りました。ほとんどの図書館からアンケートは送り返されてきて、送られてこなかったのは六館だけでした。アンケートに関連して、資料なども送られてきました。沖縄県浦添市立図書館や札幌市立中央図書館などからは、懇切丁寧な説明も添えられていました。札幌市立中央図書館には、内容について問い合わせをしました。後日、レファレンス事例集が送られてきましたが、そこには、質問とそれへの回答だけでなく、調べ方も書いてあり、「地区館ではここまでしかわからないが、中央館ではこうした資料もあるのでここまでわかる」ということまで書き込まれた優れたものでした。これは、その後、レファレンス関係の講演のたびに紹介しました。こうした試みが全国の図書館に広がれば、レファレンスサービスは充実するだろうと思ったのです。

その後、全国の図書館関係の記事を集めて分析した『図書館経営・サービスをめぐる諸問題』、全国の住民意識調査を集めて分析した『図書館サービスの利用と評価』を出しました。これ以降も、図書館に関する本を出し続けられたのは矢野さんの厚い配慮のおかげというほかありません。もっとも、図書館全般に関するものは、一応この三冊でひとまず終わって、以後、「調べる」関係の本が続きました。最初に出したのは、共著で『現代人のための情報・文献調査マニュアル』(一九九〇年)でした。それから、『チャート式文献・情報アクセスガイド』(ともに青弓社、一九九二年)などが続きます。一九九四年の『ある図書館相談係の日記』は、八八年九月から八九年一月まで私が勤務していた相談係(一般参考室と呼んでいた)のメモを日記風にまとめたものです。当時、職員十人で十万件の質問を受け、主題室などへ転送した分を除いた六万件を処理していました。一人年間六千件です。かなり反響があり、雑誌や新聞社の取材を何件も受けましたが、取材する記者が異口同音に言ったのは「図書館って忙しいんですねえ、知りませんでした」でした。万歩計を付けていましたが、二万歩は歩いていました。

一九九七年に出した『インターネット時代の情報探索術』(青弓社)は、これからはインターネットの時代だという思いを込めてつけたタイトルでした。九三年、東京都企画審議室調査部から昭和女子大学に転じて、九四年に昭和女子大学のアメリカ分校があるボストンに学生引率で行った折、ボストンと近郊の図書館を見て回る機会を得ました。そこで見たのは、ボストン公共図書館の中央館の巨大なレファレンスルーム、机に向かって熱心に調べている大勢の利用者、旧館を入って左にあるオンラインデータベースの検索ルームでは、ずらりと並んだコンピューターに向かう人々、また、近くのビルのワンフロアーを占めるビジネス専門図書館でした。近郊の図書館には、ボストン校のイベントの案内リーフレットを配布する先生についていきニュートン、ブルックリンの中央図書館、地区館などを見て回りました。各館とも住民の誰でもがイベントの案内などを置くことができるコーナーが入り口近くにあり、そこへ大学の案内も置くことができるのです。また、レファレンスブックが入り口近く、いちばん目につくところに置かれていて、中央館では入り口の近くにレファレンスルームもあり職員が忙しく働いていました。ボストンの地区館ではビジネス関係の主なオンラインデータベースが壁一面に貼られていて、地区館で検索できるもの、ビジネス専門図書館で検索できるものの表示があって、分厚い案内の冊子も置かれていました。ウェブサイトでは、各種テーマの検索方法の案内などがあり、インターネット情報源の検索方法も丁寧に紹介されていました。これからはインターネットをはじめとした、ネットワーク資源の時代がくるという思いを強くもちました。Windowsが登場したときに早速自宅でネットに接続し、情報源の検索に挑戦して、図書館のレファレンスがこれからどのように変わるのかなども注意深く、実務の視点から見ていくことになりました。

以後、私の関心は、コンピューター情報通信ネットワークとデジタル化された資料の検索に向けられ、図書館のあり方やサービスもその視点から考えることになりました。本書の内容もそうした視点から書いていますが、ただ、読書については、日本出版産業振興財団の読書アドバイザー養成講座に関わることになってから、出版界・書店界、そして読書アドバイザーの方々から学んだことがもとになっています。

［著者略歴］
大串夏身（おおぐし なつみ）
1948年、東京都生まれ
昭和女子大学名誉教授
著書に『挑戦する図書館』『調べるって楽しい！』『これからの図書館・増補版』『図書館の可能性』『文科系学生の情報術』『世界文学をDVD映画で楽しもう！』『DVD映画で楽しむ世界史』（いずれも青弓社）、共著に『図書館概論』（学文社）、『触発する図書館』（青弓社）、編著に『読書と図書館』（青弓社）など多数

図書館《としょかん》のこれまでとこれから
経験的図書館史と図書館サービス論

発行――――2017年10月30日　第1刷
定価――――2600円＋税
著者――――大串夏身
発行者―――矢野恵二
発行所―――株式会社青弓社
〒101-0061 東京都千代田区三崎町3-3-4
電話 03-3265-8548（代）
http://www.seikyusha.co.jp
印刷所―――三松堂
製本所―――三松堂

ISBN978-4-7872-0065-5 C0000